C'est dans et par le langage que l'homme se constitue comme sujet.

Emile Benveniste

인간이 주체로서 지속되는 것은 언어 안에서 그리고 언어에 의해서이다.

에밀 벵네니스트

이 책은 중급부터 고급 수준의 프랑스어를 공부하는 학습자를 위한 책입니다.

당신은 기초부터 중급 수준의 공부 여정 속에서 단단함이 생겼습니다. 내 삶 속에 온전한 언어로 만들기 위한 준비는 마친 셈입니다.
서두르지 않고 멈추지 않고 천천히 나아가면 됩니다.
당신은 이미 경험했을지도 모릅니다.
언어는 당신을 자유롭게 하며 삶을 변화시킬 것입니다.
당신의 삶 속에서 온전한 언어공부를 하세요.
언어공부는 나의 삶 속에서 세상을 보는 틀을 만드는 일입니다. 끊임없이 자신에게 질문하고 겸손한 자세로 언어와 마주하세요. 그것이 우리가 생각하는 '온전한 언어공부의 완성'입니다.

모든 언어는 평등하다

지구상의 모든 언어는
인류 공동체 문명 발전의 발자취입니다.
힘이 센 나라의 언어라 해서 더 좋거나 더 중요한 언어가 아닌 것처럼,
많은 사람들이 쓰지 않는 언어라 해서 덜 좋거나 덜 중요한 언어는 아닙니다.

문화 다양성에 따른 언어 다양성은 인류가 서로 견제하고
긍정적인 자극을 주고받으며 소통, 발전할 수 있는 계기가 됩니다.
그러나 안타깝게도 현재 일부 언어가 '국제어'라는 이름 아래
전 세계 사람들에게 강요되고 있습니다.

언어평등의 꿈은 전 세계 모든 언어를 학습할 수 있는 어학 콘텐츠를
개발하는 것입니다. 어떠한 언어에도 우위를 주지 않고, 다양한 언어의 고유
가치를 지켜나가겠습니다. 누구나 배우고 싶은 언어를 자유롭게 선택해서
배울 수 있도록 더욱 정진하겠습니다.

언어평등은 문예림의 아날로그와 디지털을 아우르는
어학 콘텐츠 브랜드입니다.
61년째 언어 생각뿐.

언어평등이
만드는 책

편집, 디자인 원칙

분명하고 명확하게 잘 정리된 구성과 적정한 수준, 내용의 정확성을 최우선으로 공부 흐름에 맞도록 편집하며, 최적의 언어 공부를 위하여 판독성과 가독성이 좋은 타이포그라피, 단순함과 절제가 최고의 디자인이며, 불필요한 삽화와 사진, 의미 없는 컬러 사용, 이유 없는 배치 등을 하지 않는다.

제작 원칙

종이는 뒷비침이 없어 문자를 읽고 쓰기 좋으며, 코팅을 하지 않아 눈부심이 없어 보기 편하도록 한다. 또한, 따뜻한 느낌이 있어 손으로 짚기 좋고, 어디서든 볼 수 있도록 최대한 가벼운 책, 더 나은 대안으로 재생종이를 사용한다.

우리는 인간의 언어 공부를 위한 지식을 편집하고 배포하는 책의 본질에 집중한다. 책을 통해 누구나 자유롭게 언어를 선택하고 서로 소통하는 데 우리의 결과물이 널리 사용되도록 노력하며, 외관상 으리으리하고 화려한 책이 아니라 정말 잘 만든 평범한 책이 우리가 만드는 책이다.

동영상 강의 시청하기

언어평등(www.EQlangs.com)에서 구매하면
해당 도서의 강의를 보실 수 있습니다.
저자가 알려주는 언어 이야기도 보실 수 있습니다.

MP3 다운로드 방법

1단계
언어평등(www.EQlangs.com) 사이트
고객센터 - 자료실 - MP3 들어오기

2단계
제목_______________에 찾고자 하는
도서명을 입력 후 검색하세요.

www.EQlangs.com

온전한 언어 완성

16 leçons pour maîtriser le français
(Niveau B1-C1)

프랑스어 중고급

온전한 언어 완성

16 leçons pour maîtriser le français

(Niveau B1-C1)

배진희
지음

프랑스어 중고급

언어평등

온전한 언어 완성
프랑스어 중고급
(Niveau B1-C1)

초판 2쇄 인쇄 2024년 10월 22일
초판 2쇄 발행 2024년 10월 31일

지은이 배진희
펴낸이 서덕일
펴낸곳 언어평등

기획 서민우 **편집진행 및 교정** 조소영 **본문 디자인** 문인주
표지 및 부속 디자인 박정호 **오디오 녹음** 이니스닷컴 **동영상 촬영** 이큐스튜디오
출력 및 인쇄 천일문화사 **제본** 대흥제책

출판등록 2018.6.5 (제2018-63호)
주소 경기도 파주시 회동길 366 3층 (10881)
전화 (02) 499-1281~2 **팩스** (02) 499-1283
전자우편 eqlangs@moonyelim.com
홈페이지 www.EQlangs.com

ISBN 979-11-92673-02-8 (13760)
값 18,000원

머리말

많은 이들이 발음이 아름답고, 억양이 우아하며, 세계 언어에서 중요한 위치를 차지하는 프랑스어를 배우겠다는 큰 다짐 후에 공부를 시작하지만, 가히 명성만큼 복잡한 동사 변화, 수많은 불규칙과 예외, 그리고 성수일치라는 생소한 문법에서 여러 번 좌절하게 됩니다. 마침내, 중고급 교재를 펼쳐 볼 수 있게 된 여러분들의 프랑스어에 대한 열정과 성실함에 박수를 보냅니다.

외국어 공부는 마라톤과 같습니다. 일정한 속력을 유지하며 긴 레이스를 펼쳐야 비로소 결승선을 통과할 수 있습니다. 단거리처럼 빠르지 않더라도, 프랑스 언어의 특수한 구조에 익숙해지는 시간이 절대적으로 필요합니다. 또한, 많은 학습자들이 '문법'에 대한 중요성을 간과하며 오로지 '생존 프랑스어'에 목표를 두기도 합니다. 물론, 각자가 처한 상황이 다르지만 프랑스 영화 보기, 소설이나 기사 읽기, 현지인과 다양한 주제로 대화하기 등 더 높은 수준의 프랑스어를 구사하기 위해서는 땅을 다지는 기초공사처럼 '문법'에 시간과 정성을 기울여야 실력이 견고해질 수 있습니다.

그렇다면, 과연 반복된 문법 공부만을 통해 실력을 향상시킬 수 있을까요? 흔히, 중급 단계에서 중성 대명사 'en'을 배우지만 '어떻게', 그리고 '왜' 사용하는가에 대해 의문을 가지기 마련입니다. 다양한 사용법은 물론이고, 하나의 한국어 단어로 번역되기 어렵기 때문입니다. 많은 예문을 읽은 후에 스스로 문장을 만들어 보는 것이 효과적입니다. 비록, 짧은 문장이더라도 말이죠.

따라서, 본 교재에서는 세계 속담, 알버트 아인슈타인, 존 레논 등과 같은 유명인들의 인용문, 프랑스 소설과 최근의 전 세계적 이슈인 건강과 문화 등을 다룬 신문기사를 비롯하여 일상의 프랑스어를 담아내는 데 집중했습니다. 기록해 두고 다시 읽고 싶을 만큼 유용하며, 흥미롭고 좋은 문장인지 수십 번 고뇌하여 예문을 만들고 수정했습니다. 그리하여 세상 밖으로 나오게 된 이 책이 프랑스어라는 높은 계단을 하나씩 디디며 안전하게 올라갈 수 있도록 여러분에게 도움이 되길 희망합니다.

2020년 첫 집필한 〈언어평등 프랑스어 첫걸음〉부터 〈단단한 언어 성장 프랑스어 초중급〉과 〈온전한 언어 완성 프랑스어 중고급〉까지 출간이라는 마침표를 찍을 수 있게 이끌어 주신 문예림 출판사의 임직원분들께 고마움을 전합니다. 또한, 강의와 교재 집필을 병행하며 지칠 때마다 자신감을 북돋아 주고, 제 선택을 항상 지지해 주는 가족들에 대한 무한한 사랑과 고마움을 이 책에 새깁니다.

저자 배진희

Sommaire

목차

Composition

구성

언어를 배운다는 것은 또 다른 세계의 문을 여는 것이다.

Grammaire

문법 언어는 본능이 아니다.

해당 강의에서 중심이 되는 문법을 체계적으로 정리하였습니다.
문법의 치밀함 없이 언어 실력의 향상은 없습니다.

Exemples

예문 인류는 소통하였기에 생존하였다.

다양한 문장을 살펴보고 어휘와 구문을 통해 응용력을 키웁니다.

Mise en pratique

실전 연습 반복이 언어 성장의 힘이다.

프랑스어 문장 구성과 문법을 확인하고 전체 문장을 반복적으로 말하는 훈련을 합니다.

Lecture et compréhension

읽기와 이해 언어는 질서 속에 짜여진 무늬이다.

주제에 맞는 다양한 정보를 읽고 내용을 파악하여 문장 구성, 독해, 글의 흐름을 공부합니다.

Révision du vocabulaire

단어 복습 대화는 어휘력 싸움이다.

대화의 품격을 높이려면 어휘가 뒷받침되어야 합니다.

Les modes et les temps

동사 모드와 시제

프랑스어 동사의 형태 Les modes du verbe

구분	프랑스어 용어	한국어 용어
Modes personnels du verbe 동사의 인칭 모드 (인칭에 따라 변화하는 형태)	l'indicatif	직설법
	le conditionnel	조건법
	le subjonctif	접속법
	l'impératif	명령법
Modes impersonnels du verbe 동사의 비인칭 모드 (인칭에 따라 변화하지 않는 형태)	l'infinitif	부정법(동사원형)
	le participe	분사
	le gérondif	제롱디프

프랑스어 동사의 시제 Les temps verbaux

구분	프랑스어 용어	한국어 용어	사용
l'indicatif 직설법	le présent	현재	일상/문어체
	le passé composé	복합 과거	일상/문어체
	l'imparfait	반과거	일상/문어체
	le passé récent	근접 과거	일상/문어체
	le passé simple	단순 과거	문어체
	le plus-que-parfait	대과거	일상/문어체
	le passé antérieur	전과거	문어체
	le futur proche	근접 미래	일상/문어체
	le futur simple	단순 미래	일상/문어체
	le futur antérieur	전미래	일상/문어체
le conditionnel 조건법	le présent	현재	일상/문어체
	le passé (composé)	과거	일상/문어체
le subjonctif 접속법	le présent	현재	일상/문어체
	le passé	과거	일상/문어체
	l'imparfait	반과거	매우 드물게 사용
	le plus-que-parfait	대과거	매우 드물게 사용

La liste des abréviations

문법 용어 약어

(par ordre alphabétique 알파벳순)

프랑스어 용어	약어	한국어 용어
adjectif	adj.	형용사
adverbe	adv.	부사
article	art.	관사
complément d'objet direct	cod	직접목적보어
complément d'objet indirect	coi	간접목적보어
conjonction	conj.	접속사
féminin	f.	여성형
indicatif	ind.	직설법
infinitif	inf.	동사원형
locution	loc.	표현, 숙어, 구
masculin	m.	남성형
nom	n.	명사
nom féminin	n.f	여성형 명사
nom masculin	n.m	남성형 명사
participe passé	p.p	과거분사
pluriel	pl.	복수형
préposition	prép.	전치사
pronom	pron.	대명사
quelque chose	qqch	(어떤) 사물
quelqu'un	qqn	(어떤) 사람
singulier	sing.	단수형
subjonctif	sub.	접속법
verbe	v.	동사

온전한 언어 완성

프랑스어 중고급

(Niveau B1-C1)

Leçon

01

<~ment> 형태의 부사

Les adverbes en <~ment>

부사의 사용

부사는 장소, 시간, 방식, 수량 등을 표현하는 품사로 동사, 형용사, 다른 부사 등을 수식한다. 일부 형용사들에 어미 〈~ment〉을 붙여 부사로 사용한다.

부사의 위치

1 현재 시제에서 동사를 수식하는 부사는 동사 뒤에 위치한다.

2 과거분사가 있는 경우 과거분사의 앞과 뒤에 사용하는 부사를 구분한다.

- 과거분사 앞에 위치
  bien, mal, beaucoup, assez, un peu, déjà, souvent, parfois, toujours, etc.
- 과거분사 뒤에 위치
  tôt, tard, longtemps, ensemble, etc.

3 의심이나 확률을 나타내는 부사는 과거분사 앞에 위치한다.

certainement, peut-être, probablement, etc.

4 문장 전체를 완성하기 위해 사용하는 시간, 장소 등의 부사는 문장의 앞 또는 뒤에 위치할 수 있다.

hier, aujourd'hui, demain, maintenant, ici, là, etc.

5 형용사 또는 다른 부사를 수식하기 위한 부사는 그 형용사와 부사 바로 앞에 위치한다.

6 경우에 따라, 부사는 단독으로도 사용할 수 있다.

형용사 → 부사로 만드는 규칙

1 일반적으로 여성형 형용사에 <~ment>을 붙인다.

남성형 형용사	여성형 형용사	부사	뜻
exact	exacte	exactement	정확히, 완전히
seul	seule	seulement	단지, 오직
habituel	habituelle	habituellement	보통, 습관적으로
particulier	particulière	particulièrement	특히, 각별히
doux	douce	doucement	천천히, 부드럽게

2 일반적으로 모음으로 끝나는 형용사는 남성형에 <~ment>을 붙인다.

남성형 형용사	부사	뜻
absolu	absolument	완전히, 전적으로
aisé	aisément	안락하게, 편히
vrai	vraiment	매우, 정말, 대단히
*gai (예외)	gaiement	즐겁게, 활기 있게

3 ~ant/~ent 로 끝나는 일부 형용사는 <~amment/~emment>을 붙인다. 이때, <emment>의 발음은 <amment>과 동일하게 읽는다.

남성형 형용사	부사	뜻
courant	couramment	유창하게, 흔히
évident	évidemment	확실히, 틀림없이
récent	récemment	최근에, 요즘

4 일부 형용사는 여성형 형용사에 accent aigu(é)를 붙여 <~ément>로 만든다.

남성형 형용사	여성형 형용사	부사	뜻
précis	précise	précisément	명확하게, 정확하게
profond	profonde	profondément	깊이, 깊게

5 극히 일부의 형용사는 부사의 형태가 불규칙이다.

남성형 형용사	부사	뜻
gentil	gentiment	친절하게
bref	brièvement	간략하게, 간단히

Mise en pratique

다음 형용사를 부사로 만들어 보세요.

(1) lent → ______ 천천히, 느리게

(2) officiel → ______ 공식적으로

(3) poli → ______ 정중하게, 예의 바르게

(4) dernier → ______ 최근에, 요즘에

(5) personnel → ______ 개인적으로

(6) principal → ______ 특히, 주로

(7) actuel → ______ 현재, 지금

(8) suffisant → ______ 충분히, 넉넉히

(9) fréquent → ______ 자주, 빈번하게

(10) léger → ______ 가볍게, 경미하게

(11) tragique → ______ 비극적으로

(12) malheureux → ______ 불행히도, 안타깝게도

Exemples

1-1

(1) Doit-on manger seulement quand on a faim?
배가 고플 때에만 먹어야 할까요?

(2) Que faites-vous habituellement le week-end?
주말에 보통 무엇을 하세요?

(3) Je suis absolument d'accord sur ce point.
저는 이 점에 대해 전적으로 동의합니다.

(4) Peut-on vivre aisément à Paris avec 5 000 € par mois?
파리에서 월 5,000 유로로 안락하게 살 수 있을까요?

(5) Fermez la bouche et inspirez profondément par le nez.
입을 닫고 코로 깊게 숨을 들이쉬어 보세요.

(6) Le Président Emmanuel Macron a officiellement annoncé sa candidature à la présidentielle 2022.
엠마뉘엘 마크롱 대통령은 2022년 대선 출마를 공식적으로 발표했습니다.

(7) Je suis actuellement en congé de maternité.
저는 현재 출산휴가 중입니다.

(8) Gaspard Ulliel est tragiquement mort à 37 ans, des suites d'un accident de ski.
가스파르 울리엘은 서른일곱 살에 스키 사고로 비극적으로 사망했습니다.

Gaspard Ulliel

1984년 11월 25일 출생의 프랑스 배우이자 모델로, 세자르 영화제에서 2005년과 2017년에 남우주연상을 수상하였다. 연기력을 인정받으며 프랑스 내에서 대중적 인기가 높았다. 2022년 1월 19일 프랑스 사부아(Savoie) 지역의 스키장에서 다른 스키어와 충돌하는 사고로 사망하였다. 영화 '인게이지먼트', '한니발 라이징', '사랑해, 파리'로 이름을 알렸다.

avoir faim
(loc.) 배가 고프다

être d'accord
(loc.) 동의하다, 일치하다

sur
(prép.) ~위에, ~에 관해

point
(n.m) 점, 점수, 논점

vivre
(v.) 살다, 생활하다

fermer
(v.) 닫다, 폐쇄하다

bouche
(n.f) (신체) 입

inspirer
(v.) 숨을 들이쉬다

nez
(n.m) (신체) 코

président
(n.) 의장, 회장, 대통령

annoncer
(v.) 알리다, 통보하다

candidature
(n.f) 입후보, 지원, 출마

présidentielle
(n.f) 대통령 선거

congé de maternité
(n.m) 출산휴가

suite
(n.f) (보통 복수형일 때) 결과, 영향, 여파

accident
(n.m) 사고

1-2

Tutoiement ou vouvoiement

En français quand on rencontre quelqu'un, on se demande souvent: " On se tutoie ?" ou "On se dit «tu»?"

Quand doit-on tutoyer et quand doit-on vouvoyer ? Il n'y a pas de règles très strictes. Mais généralement, on utilise 'vous' comme une forme de politesse et de respect alors qu'on utilise 'tu' dans un contexte plus familier.

On vouvoie une personne qu'on rencontre pour la première fois, une personne plus âgée, un supérieur hiérarchique, un professeur ou une personne qu'on ne connaît pas bien.

Aujourd'hui, les jeunes générations se tutoient beaucoup plus facilement.

지문을 읽고 〈~ment〉 형태의 부사를 사용한 문장을 찾아 쓰고 한국어로 번역해 보세요.

(1) Phrase 1

- En français: ______________________

  ____

- En coréen: ______________________

  ____

(2) Phrase 2

- En français: ______________________

  ____

- En coréen: ______________________

  ____

tutoiement (n.m) 반말

vouvoiement (n.m) 존댓말

tutoyer + qqn (v.) tu를 사용하여 말하다, ~에게 말을 놓다

vouvoyer + qqn (v.) vous를 사용하여 말하다, ~에게 존대하다

règle (n.f) 규칙, 규율

strict(e) (adj.) 엄격한, 엄정한

forme de politesse (n.f) 예의(공손함)의 형식

alors que (conj.) ~인데 비해, ~인 한편

contexte (n.m) 문맥, 전후관계, 상황

familier/familière (adj.) 친숙한, 친밀한

âgé(e) (adj.) 나이가 많은

supérieur hiérarchique (n.m) 상사, 윗사람

connaître + n. (v.) ~을 알다

génération (n.f) 세대

Révision du vocabulaire

프랑스어 단어와 한국어 뜻을 알맞게 연결해 보세요.

(1) légèrement	(a) 특히, 각별히
(2) fréquemment	(b) 불행히도, 안타깝게도
(3) aisément	(c) 깊게, 깊숙하게
(4) particulièrement	(d) 완전히, 전적으로
(5) habituellement	(e) 자주, 빈번하게
(6) tragiquement	(f) 가볍게, 경미하게
(7) malheureusement	(g) 보통, 습관적으로
(8) absolument	(h) 안락하게, 편히
(9) actuellement	(i) 비극적으로
(10) profondément	(j) 현재, 지금

Leçon

02

보어 대명사

Les pronoms compléments

보어 대명사의 사용

명사가 반복되는 것을 피하기 위해 사용하는 것을 대명사라 하며, 문장의 기능에 따라 보어 대명사는 직접목적보어 대명사, 간접목적보어 대명사, 중성 대명사로 구분한다. 보어 대명사는 프랑스어에서 매우 중요하며 자주 사용하는 문법 중 하나로, 단어의 반복 대신에 매끄럽고 자연스러운 문장으로 만드는 역할을 한다.

보어 대명사의 종류

종류	형태	용법
직접목적보어 대명사 (~을/~를)	me, te, le, la, nous, vous, les	• 타동사 뒤에 전치사 없이 연결되는 목적어를 대체 • 사람/사물을 대체
간접목적보어 대명사 (~에게)	me, te, lui, nous, vous, leur	• '전치사 à + 사람'을 대체 • 사람을 대체 (사물의 대체는 불가능)
중성 대명사 (거기에, 그것에)	y	• '전치사 à + 장소/사물/동사원형'을 대체 • 성(남성/여성)과 수(단수/복수)의 구분 없이 사용
중성 대명사 (그곳으로부터, 그것)	en	• '전치사 de + 장소/사물/동사원형' 또는 '수량의 표현' 등을 대체 • 성(남성/여성)과 수(단수/복수)의 구분 없이 사용
중성 대명사 (그것)	le	• 형용사군, 명사군, 동사원형, que 이하의 종속절 등을 대체 • 성(남성/여성)과 수(단수/복수)의 구분 없이 사용

* 중성대명사 'Y'는 전치사 'à + 명사'뿐만 아니라, 장소 전치사 'dans, en, sur, etc. + 장소 명사'를 대체할 수 있다.

Exemples

2-1

(1) **직접목적보어 대명사**

A Quelles sont vos bonnes résolutions pour la nouvelle année?
당신의 새해 다짐은 무엇인가요?

B Chaque année, je prends les mêmes résolutions mais, je ne les tient jamais.
매년 저는 같은 새해 다짐을 세우지만, 그것(그 다짐들)을 절대 지키지 않습니다.

(2) **간접목적보어 대명사**

Quand il me dit: "Tu me manques", je lui réponds: "Toi aussi".
그가 저에게 "네가 보고 싶어"라고 말할 때, 저는 그에게 "너도 그래"라고 대답합니다.

Tip

"Tu me manques"는 독특한 문장 구조를 지니고 있다. 목적어 대명사인 'me'가 주체가 되고, 주어인 'Tu'가 그리운 대상이 되는 구조로, "나도 그래"가 아닌, "너도 그래"에 해당하는 "Toi aussi"로 답한다.

(3) **중성 대명사 y**

Après ma retraite, je retournerai dans ma ville natale et j'y passerai le reste de ma vie avec ma famille.
은퇴 후에 저는 고향으로 돌아가서 그곳(저의 고향)에서 저의 여생을 가족과 보낼 것입니다.

(4) **중성 대명사 en**

A Tu as besoin de prendre des vacances?
너는 휴가가 필요해?

B Oui, j'en ai vraiment besoin. En ce moment, je suis trop stressée à cause de mon travail.
응, 정말 (휴가가) 필요해. 요즘 일 때문에 너무 스트레스를 받고 있어.

Tip

'avoir besoin de + 명사/동사원형'의 구문에서 전치사 'de' 이하가 반복되기 때문에 대명사 <EN>로 대체한다.

(5) **중성 대명사 le**

J'aimerais savoir quand je reprendrai mes études, mais je ne le sais pas.
저는 언제 다시 학업을 시작할 수 있을지 알고 싶지만, (언제 다시 시작할 수 있을지) 잘 모르겠습니다.

Être plus heureuse, je le veux et je le serai.
더 행복해지는 것, 저는 그것(행복해지는 것)을 원하고, 그렇게(행복해지는 것) 될 것입니다.

Tip

접속사 'quand' 이하의 종속절이나, 동사구가 반복되기 때문에 대명사 <LE>로 대체한다.

---

résolution
(n.f) 결심, 다짐

nouvelle année
(n.f) 새해, 신년

chaque
(adj.) 각각의, 매, ~마다

tenir
(v.) 쥐다, 잡다, (약속 등을) 지키다, 이행하다

souhaiter
(v.) 소망하다, 바라다

manquer
(v.) 부족하다, 그립다, 보고 싶다

retraite
(n.f) 은퇴, 퇴직

natal(e)
(adj.) 태어난

ville natale
(n.f) 고향

reste
(n.m) 나머지

avoir besoin de + n./inf.
(loc.) ~이 필요하다

prendre des vacances
(loc.) 휴가를 보내다

stressé(e)
(adj.) 스트레스를 받는

à cause de + n.
(loc.) ~때문에

reprendre
(v.) 다시 시작하다, 재개하다

이중 대명사의 위치

보어 대명사들은 한 문장에서 두 개가 동시에 사용될 수 있다. 이때, 아래 번호의 순서대로 동사 앞에 위치한다. 예를 들어, 간접목적보어 대명사 te와 중성 대명사 en이 한 문장에서 사용될 때 대명사의 순서는 t'en이 된다.

1	2	3	4	5
me te se nous vous se	le la	lui leur les	y	en

모음 축약의 규칙

- 대명사 me / te / se / le / la + 모음/무음 h로 시작하는 단어
  → m' / t' / s' / l'로 축약 o
- 대명사 lui / y + 모음/무음 h로 시작하는 단어
  → 축약 ×

Exemples

2-2

(1) Elle <u>me</u> parle <u>de son problème</u>.
① ②

① 간접목적보어 대명사

② 'de + 사물'은 중성 대명사 <en>로 대체

구분	긍정문	부정문
현재	Elle m'en parle.	Elle ne m'en parle pas.
복합 과거	Elle m'en a parlé.	Elle ne m'en a pas parlé.
근접 미래	Elle va m'en parler.	Elle ne va pas m'en parler.

(2) Il <u>me</u> prête <u>son vélo</u>.
① ②

① 간접목적보어 대명사

② 목적어인 남성 단수형 명사를 직접목적보어 대명사 <le>로 대체.

구분	긍정문	부정문
현재	Il me le prête.	Il ne me le prête pas.
복합 과거	Il me l'a prêté.	Il ne me l'a pas prêté.
근접 미래	Il va me le prêter.	Il ne va pas me le prêter.

〈EN〉와 같이 사용하는 구어 표현

Je m'en vais.	나 가 볼게.
Je m'en fous.	상관없어. / 신경 안 써. (부정적 감정 표현)
J'en ai marre.	질렸어. / 지긋지긋해.
Ne t'en fais pas.	걱정하지 마.

〈Y〉와 같이 사용하는 구어 표현

Ça y est !	됐어! / 좋아! / 그거야!
Allez, on y va!	자, 가 봅시다! / 자, 시작해 봅시다!
Il s'y connaît en + n.	그는 ~에 대한 지식이 많아. / ~에 전문가야.

Mise en pratique

다음 밑줄 친 문장을 이중 대명사를 사용하여 써 보세요.

(1) A Monsieur Laurent, vous vous occupez de la publicité de produits?
B Oui, c'est moi qui m'occupe de la publicité de produits.
→ Oui, ______

(2) A Tu t'intéresses aux questions mondiales?
B Oui, je m'intéresse beaucoup aux questions mondiales comme l'environnement, le changement climatique et la pauvreté.
→ Oui, ______

(3) A Tu te souviens de ta lune de miel?
B Bien sûr, je me souviens très bien de ma lune de miel. Nous avons choisi Santorini et nous n'avons jamais regretté ce choix ni moi ni ma femme.
→ Bien sûr, ______

(4) A Tu pourrais m'envoyer ces documents par e-mail?
B Oui, je vais t'envoyer ces documents le plus rapidement possible.
→ Oui, ______

(5) A Tu sais que, en Corée du Sud, les bébés ont un an à la naissance?
B Oui, je sais déjà que, en Corée du Sud, les bébés ont un an à la naissance. Pour calculer ton âge en coréen, il faut donc rajouter un an à ton âge français.
→ Oui, ______

s'occuper de + n. (v.) (사람) ~을 돌보다, (업무 등에서) ~을 담당하다, 맡다
publicité (n.f) 광고
produit (n.m) 생산품, 제품
s'intéresser à + n. (v.) ~에 관심, 흥미가 있다
environnement (n.m) 환경
changement (n.m) 변화
climatique (adj.) 기후의
pauvreté (n.f) 가난, 빈곤
se souvenir de + n. (v.) 기억하다, 생각나다
lune de miel (n.f) 신혼여행 (= voyage de noces)
regretter (v.) 후회하다, 아쉬워하다
choix (n.m) 선택
ni A ni B (conj.) (ne와 함께 부정 표현) A도 B도 아니다
envoyer (v.) 보내다, 발송하다
doucument (n.m) 문서, 서류
savoir (v.) 알다
déjà (adv.) 벌써, 이미
bébé (n.) 갓난아이, 아기
naître (v.) 태어나다, 출생하다
calculer (v.) 계산하다 (= compter)
rajouter (v.) 추가하다, 첨가하다, 덧붙이다

Lecture et **compréhension**

2-3

Marchés aux puces de Paris

Il y a énormément de marchés et des puces à Paris. À tel point que presque tous les quartiers en possèdent un. La plupart d'entre eux ont une longue histoire derrière eux.

Le marché aux puces de Saint-Ouen dans le nord-est de Paris est l'un des sites les plus fréquentés et quand on le voit pour la première fois, la place semble être infinie. Il y a beaucoup de choix: objets d'art, disques, livres rares, posters, vêtements vintage, jouets anciens, etc.

Les marchés aux puces sont idéals pour acheter un souvenir de Paris et cela vaut la peine de consacrer une matinée pour s'y promener.

지문을 읽고 보어 대명사를 사용한 문장을 찾아 쓰고 한국어로 번역해 보세요.

(1) Phrase 1
- En français: ______________________________
- En coréen: ______________________________

(2) Phrase 2
- En français: ______________________________
- En coréen: ______________________________

(3) Phrase 3
- En français: ______________________________
- En coréen: ______________________________

marché aux puces (n.m) 벼룩시장

énormément (adv.) 엄청나게, 매우 많은

À tel point que + ind. (loc.) ~할 정도로, ~할 만큼

posséder (v.) 가지다, 소유하다

plupart (n.f) 대부분, 대다수

entre (prép.) (여럿) ~중에

derrière (prép.) ~의 뒤에

site (n.m) 장소, 위치, 지역

fréquenté(e) (adj.) 사람이 많이 찾는, 사람이 많이 모이는

sembler (v.) ~인 것 같다, ~처럼 보이다

infini(e) (adj.) 끝없는, 무한한

objet (n.m) 사물, 물체, 물건

rare (adj.) 희귀한, 드문

jouet (n.m) 장난감

idéal(e) (adj.) 이상적인

souvenir (n.m) 기념품

cela vaut la peine de + inf. (loc.) ~할 가치가 있다, ~할 만하다

consacrer (v.) 할애하다, 바치다

Révision du vocabulaire

프랑스어 단어와 한국어 뜻을 알맞게 연결해 보세요.

(1) la résolution	(a) 쥐다, 잡다, (약속 등을) 지키다
(2) s'occuper	(b) 재개하다, 다시 시작하다
(3) la retraite	(c) 가난, 빈곤
(4) natal	(d) 결심, 다짐
(5) la pauvreté	(e) 돌보다, 담당하다, 맡다
(6) manquer	(f) 계산하다
(7) reprendre	(g) 은퇴, 퇴직
(8) la lune de miel	(h) 신혼여행
(9) calculer	(i) 부족하다, 그립다, 보고 싶다
(10) tenir	(j) 태어난

Leçon

03

직설법 대과거

Le plus-que-parfait de l'indicatif

Grammaire

대과거의 사용

복합 과거, 반과거 등 다른 과거보다 선행되어 완료된 것을 표현하는 시제이다. 복합 과거와 마찬가지로 être 또는 avoir 동사를 조동사로 사용하며 '~했다'는 완료로 해석한다. 또한, 과거에 대한 가정을 표현한다.

대과거의 형태

1 왕래발착 동사와 대명동사 (주어에 따라 과거분사의 성수일치 필요)

être 동사의 반과거 + 과거분사

2 그 이외 동사

avoir 동사의 반과거 + 과거분사

3 부정문

ne + être/avoir 동사의 반과거 + pas + 과거분사

직설법 대과거의 동사 변화

구분	Parler	Finir	Partir	Se réveiller
Je(J')	avais parlé	avais fini	étais parti(e)	m'étais réveillé(e)
Tu	avais parlé	avais fini	étais parti(e)	t'étais réveillé(e)
Il/Elle	avait parlé	avait fini	était parti(e)	s'était réveillé(e)
Nous	avions parlé	avions fini	étions parti(e)s	nous étions réveillé(e)s
Vous	aviez parlé	aviez fini	étiez parti(e)(s)	vous étiez réveillé(e)(s)
Ils/Elles	avaient parlé	avaient fini	étaient parti(e)s	s'étaient réveillé(e)s

Mise en pratique 1

다음 괄호 안의 동사를 직설법 복합 과거와 대과거로 써 보세요.

	<복합 과거>	<대과거>
• (Réussir)	J' ______________	J' ______________
• (Faire)	Tu ______________	Tu ______________
• (Venir)	Il ______________	Il ______________
• (Dire)	Nous ______________	Nous ______________
• (Prendre)	Vous ______________	Vous ______________
• (Se voir)	Ils ______________	Ils ______________

Mise en pratique 2

다음 문장을 대과거로 변화시켜 써 보세요. (불규칙 동사의 과거분사는 9과 참조)

(1) Je veux vivre ailleurs. (vouloir)

→ ______________________________

(2) Il ne vit jamais seul. (vivre)

→ ______________________________

(3) Tout se passe bien. (se passer)

→ ______________________________

(4) Nous ne nous sentons pas en sécurité. (se sentir)

→ ______________________________

(5) Elle quitte son emploi pour commencer une nouvelle vie. (quitter)

→ ______________________________

vivre
(v.) 살다, 생활하다

ailleurs
(adv.) 다른 곳에서 /
(n.m) 다른 곳

seul(e)
(adj.) 혼자인, 혼자서

se passer
(v.) (시간 등이) 지나다,
(일, 사건 등이) 일어나다

se sentir
(v.) (기분, 느낌이) ~이다,
~하다고 느끼다

en sécurité
(loc.) 안전히, 안전하게

quitter
(v.) 그만두다, 나가다

emploi
(n.m) 고용, 일, 직장

Exemples

3-1

(1) Quand je suis arrivé(e), le film avait déja commencé. (arriver / commencer)
②　①

제가 도착했을 때, 영화는 이미 시작했습니다.

(2) Nous avons mangé tous les trois un gratin de courgettes que
②
ma mère avait préparé. (manger / préparer)
①

우리는 셋이서 엄마가 준비한 호박 그라탕을 먹었습니다.

(3) J'ai cassé mon smartphone que j'avais acheté il y a quelques
②　①
semaines. L'écran ne s'allume plus. (casser / acheter)

몇 주 전에 구매한 저의 스마트폰을 고장냈습니다. 화면이 켜지지 않아요.

(4) Ma mère a raconté comment elle avait rencontré mon père et à quel
②　①
âge ils s'étais mariés. (rencontrer / se marier)
①

엄마는 저에게 어떻게 아빠를 만났고 몇 살에 결혼했는지 이야기해 주셨습니다.

(5) Si je n'avais pas fait ce choix, je serais passé à côté de ma vie. (faire)

만약 제가 그 선택을 하지 않았더라면, 저는 제 인생을 놓쳤을 거예요.

Tip

- 예문 (1)~(4): ①이 ②보다 앞서 일어난 과거이기 때문에 대과거를 사용한다.
- 예문 (5): 'Si + 대과거, 조건법 과거'의 구문으로 과거에 대한 가정을 표현한다. (조건법 과거는 11과 참조)

gratin
(n.m) (음식) 그라탕

courgette
(n.f) 기다란 호박

casser
(v.) 깨뜨리다, 부수다, 고장내다

quelque
(adj.) (복수형일 때) 몇몇의

écran
(n.m) 화면, 모니터, 스크린

allumer
(v.) 불을 켜다, 전원 등을 켜다

s'allumer
(v.) 전원이 켜지다

raconter
(v.) 이야기하다, 말하다

rencontrer
(v.) 만나다

faire un choix
(loc.) 선택하다

passer à côté de + n.
(loc.) ~을 벗어나다, 빗나가다, 지나가다

과거 시제의 구분

구분	용법	형태
근접 과거	현재에 가까운 과거에 완료된 행동을 표현	venir 현재 변화 + de + 동사원형
반과거	과거의 묘사, 습관, 지속성, 상태를 표현	어간 + ais, ais, ait, ions, iez, aient
복합 과거	과거에 완료된 행동을 표현	être/avoir 현재 변화 + 과거분사
단순 과거	문어체에서만 사용하며 복합 과거처럼 완료된 행동을 표현	동사의 그룹마다 다른 어미를 가지거나 불규칙 형태
대과거	다른 과거보다 앞서 완료된 행동을 표현	être/avoir 반과거 + 과거분사

Tip

'단순 과거'는 소설, 이야기, 우화 등의 문어체에서 사용한다. 구어체에서 단순 과거 대신에 복합 과거를 사용할 수 있다. 사전이나 동사 변화 표 등의 검색을 통해서 단순 과거의 동사 변화를 찾아볼 수 있다.

주요 동사의 단순 과거 변화

구분	Aller	Avoir	Être	Faire	Prendre
Je(J')	allai	eus	fus	fis	pris
Tu	allai	eus	fus	fis	pris
Il/Elle	alla	eut	fut	fit	prit
Nous	allâmes	eûmes	fûmes	fîmes	prîmes
Vous	allâtes	eûtes	fûtes	fîtes	prîtes
Ils/Elles	allèrent	eurent	furent	firent	prirent

Exemples

3-2

(1) **근접 과거**

Je viens de me lever. Donne-moi quelques minutes pour me préparer. (se lever)

나 방금 일어났어. 준비할 시간을 몇 분 줘.

(2) **반과거**

Le jeu du calamar était très populaire dans la cour d'école coréenne dans les années 70 et 80. (être)

오징어 게임은 70-80년대에 한국의 학교 운동장에서 매우 인기가 있었습니다.

(3) **복합 과거**

Plus de 50 écoles ont dû refermer leurs portes en raison de suspicions de cas de coronavirus. (devoir)

50개 이상의 학교가 코로나바이러스 사례의 의심으로 다시 문을 닫아야 했습니다.

(4) **단순 과거**

Il appela un taxi, mit un jean, un pull, un gros manteau et sortit dans la rue. (appeler / mettre / sortir)

그는 택시를 불렀고 청바지, 스웨터, 두꺼운 외투를 걸치고 거리로 나갔습니다.

(5) **대과거**

Aujourd'hui, Chloé Trespeuch a célébré(②) sa médaille d'argent. Elle avait déjà remporté(①) le bronze en 2014 aux Jeux Olympiques de Sotchi. (remporter)

오늘 끌로에 트레스포흐는 자신의 은메달을 축하했습니다. 그녀는 이미 2014년 소치 올림픽에서 동메달을 획득했습니다.

Tip

①의 행위가 ②보다 앞서 일어날 완료된 과거이기 때문에 ①을 대과거로, ②을 복합과거로 사용한다.

se préparer
(v.) 준비하다, 채비하다

jeu
(n.m) 놀이, 게임

calamar
(n.m) 오징어

cour
(n.f) 운동장, 마당

refermer
(v.) 다시 닫다, 다시 막다

porte
(n.f) 문, 출입구

en raison de + n.
(loc.) ~의 이유로, ~때문에

suspicion
(n.f) 의심, 의혹

cas
(n.m) 경우, 상황, 사례

coronavirus
(n.m) 코로나바이러스

appeler
(v.) 부르다, 호출하다, 연락하다

mettre
(v.) (옷이나 장신구 등을) 입다, 걸치다

célébrer
(v.) 축하하다, 기념하다, 거행하다

médaille d'argent
(n.f) 은메달

remporter
(v.) 획득하다, (상을) 타다

Jeux Olympiques
(n.m) 올림픽 (약어: JO)

3-3

Le Petit Prince

J'avais ainsi appris une seconde chose très importante: C'est que sa planète d'origine était à peine plus grande qu'une maison!

Ça ne pouvait pas m'étonner beaucoup. Je savais bien qu'en dehors des grosses planètes comme la Terre, Jupiter, Mars, Vénus, auxquelles on a donné des noms, il y en a des centaines d'autres qui sont quelquefois si petites qu'on a beaucoup de mal à les apercevoir au télescope. Quand un astronome découvre l'une d'elles, il lui donne pour nom un numéro. Il l'appelle par exemple: « l'astéroïde 3251. »

프랑스 소설 ≪ 어린왕자 ≫ 원어 발췌문을 읽고 반과거와 대과거를 사용한 문장을 찾아 쓰고 한국어로 번역해 보세요.

(1) Phrase à l'imparfait 1 (반과거)

- En français: ______
- En coréen: ______

(2) Phrase à l'imparfait 2 (반과거)

- En français: ______
- En coréen: ______

(3) Phrase à l'imparfait 3 (반과거)

- En français: ______
- En coréen: ______

(4) Phrase au plus-que-parfait (대과거)

- En français: ______
- En coréen: ______

ainsi (adv.) 이렇게, 그처럼

planète (n.f) 행성, 지구

d'origine (loc.) 본고장의, 원산지의, 출신의

à peine (loc.) 겨우, 고작

étonner (v.) 놀라게 하다

en dehors de + n. (loc.) ~의 밖에, 외부에

auxquelles (pron.) 복합관계 대명사 (15과 참조)

centaine (n.f) 100 자릿수, 약 100

avoir mal à + inf. ~ (loc.) ~하는 데 어려움이 있다

apercevoir (v.) 발견하다, 알아보다, 식별하다

télescope (n.m) 망원경

astronome (n.) 천문학자

découvre (v.) (découvrir 동사의 직설법 현재 변화) 발견하다

astéroïde (n.m) 소행성

Révision du vocabulaire

프랑스어 단어와 한국어 뜻을 알맞게 연결해 보세요.

(1) remporter
(2) le cas
(3) la suspicion
(4) le jeu
(5) casser
(6) allumer
(7) l'écran
(8) la cour
(9) se sentir
(10) quitter
(11) ailleurs
(12) en sécurité

(a) 깨뜨리다, 부수다, 고장내다
(b) 획득하다, (상을) 타다
(c) 놀이, 게임
(d) 경우, 상황, 사례
(e) 의심, 의혹
(f) 화면, 모니터, 스크린
(g) 불을 켜다, 전원 등을 켜다
(h) 운동장, 마당
(i) 안전한 상태로, 안전하게
(j) (기분, 느낌이) ~이다, ~하다고 느끼다
(k) 다른 곳에서, 다른 곳
(l) 그만두다, 나가다

Leçon

04

직설법 전미래

Le futur antérieur de l'indicatif

Grammaire

전미래의 사용

다른 미래보다 앞서 일어날 미래의 행동을 표현하는 시제이다. 복합 과거, 대과거, 전미래의 세 가지 시제는 조동사(être/avoir)의 시제만 달리하여 동사 변화를 만들고 구분할 수 있다.

전미래의 형태

1 왕래발착 동사와 대명동사 (주어에 따라 과거분사의 성수일치 필요)

être 동사의 단순 미래 + 과거분사

2 그 이외 동사

avoir 동사의 단순 미래 + 과거분사

3 부정문

ne + être/avoir 동사의 단순 미래 + pas + 과거분사

직설법 전미래의 동사 변화

구분	Parler	Finir	Partir	Se réveiller
Je(J')	aurai parlé	aurai fini	serai parti(e)	me serai réveillé(e)
Tu	auras parlé	auras fini	seras parti(e)	te seras réveillé(e)
Il/Elle	aura parlé	aura fini	sera parti(e)	se sera réveillé(e)
Nous	aurons parlé	aurons fini	serons parti(e)s	nous serons réveillé(e)s
Vous	aurez parlé	aurez fini	serez parti(e)(s)	vous serez réveillé(e)(s)
Ils/Elles	auront parlé	auront fini	seront parti(e)s	se seront réveillé(e)s

Mise en pratique 1

다음 괄호 안의 동사를 직설법 전미래의 긍정문과 부정문으로 써 보세요.

	<긍정문>	<부정문>
• (Partir)	Je ________	Je ________
• (Faire)	Tu ________	Tu ________
• (Choisir)	Il ________	Il ________
• (Prendre)	Nous ________	Nous ________
• (Arriver)	Vous ________	Vous ________
• (Se préparer)	Ils ________	Ils ________

Mise en pratique 2

다음 문장을 전미래로 변화시켜 써 보세요.

(1) Je me décide à agir. (se décider)

→ ________

(2) Mon enfant apprend plein de nouvelles choses. (apprendre)

→ ________

(3) Son nouvel album sort tout d'abord en France. (sortir)

→ ________

(4) Nous arrivons le plus tôt possible à l'aéroport. (arriver)

→ ________

(5) Mes beaux-parents immigrent en Australie. (immigrer)

→ ________

se décider à + inf.
(loc.) ~하기로 결심하다, 각오하다

agir
(v.) 행동하다

plein de + n.
(loc.) ~로 가득 찬, 많은~

nouvel
(adj.) 새로운(모음/무음 h로 시작하는 명사 앞에서 사용하는 형용사, 본 형태는 nouveau)

sortir
(v.) 나가다, 나오다, 출시하다, 개봉하다

tout d'abord
(loc.) 먼저, 우선 (tout 없이도 사용 가능)

beaux-parents
(n.m) 시부모, 시어른

immigrer
(v.) 이민하다, 이주하다

Exemples

4-1

(1) Quand nous aurons fini notre repas, le serveur viendra débarrasser la table. (finir / venir)
①: nous aurons fini ②: le serveur viendra débarrasser
우리가 식사를 마치고 나면 웨이터가 테이블을 치우러 올 거예요.

(2) Après que tu auras rangé ta chambre, tu pourras jouer avec des amis. (ranger / pouvoir)
①: tu auras rangé ②: tu pourras jouer
너는 방을 치우고 난 후에 친구들과 놀 수 있을 거야.

(3) Dès que j'aurai reçu le résultat, je vous préviendrai. (recevoir / prévenir)
①: j'aurai reçu ②: je vous préviendrai
제가 결과를 받으면 알려드리겠습니다.

(4) Tu me manqueras quand tu seras parti(e). (manquer / partir)
②: Tu me manqueras ①: tu seras parti(e)
네가 떠나고 나면 네가 보고 싶을 거야.

(5) Dans deux ans, ils auront terminé leurs études universitaires en france. (terminer)
2년 후에 그들은 프랑스에서 대학 공부를 마칠 겁니다.

Tip

- 예문 (1)~(4): ①의 행동이 ②의 행동보다 앞서 일어날 미래를 표현하는 전미래이다.
- 예문 (5): 전치사 dans과 함께 사용하여 그 시점에 완료될 미래를 표현하는 전미래이다.
- 두 문장의 연결어로 quand(~할 때), lorsque(~할 때), dès que(~하자마자, ~할 때), après que(~후에) 등과 같은 접속사를 사용할 수 있으며 이러한 접속사는 문장의 앞이나 중간에 위치할 수 있다.

débarrasser la table
(loc.) 테이블을 치우다, 테이블을 정리하다

ranger
(v.) 정리하다, 정돈하다

recevoir
(v.) 받다

résultat
(n.m) 결과, 성적

prévenir
(v.) 알리다, 예고하다

manquer
(v.) 부족하다, 모자라다, 그립다, 보고 싶다

dans
(prép.) (시간) ~뒤에, ~후에

terminer
(v.) 끝내다, 마치다

universitaire
(adj.) 대학의

미래 시제의 구분

구분	용법	형태
근접 미래	• 가까운 미래에 일어날 행동을 표현 • 단순 미래보다 더 큰 확실성이 있을 때 사용 • 구어체에서 더 자주 사용	aller 동사 현재 변화 + 동사원형
단순 미래	• 가깝거나 먼 미래에 일어날 행동을 표현 • 미래에 대한 가정, 예측, 예상 등을 표현	어간 + ai, as, a, ons, ez, ont
전미래	• 다른 미래보다 선행되는 미래를 표현	être/avoir 단순 미래 + 과거분사

Exemples

4-2

(1) **근접 미래**

Cette année, je vais poursuivre mes études et commencer un Master en droit. (poursuivre / commencer)

저는 올해 학업을 계속하고 법학 석사를 시작할 예정입니다.

(2) **단순 미래**

Le port du masque ne sera plus obligatoire en intérieur à partir de lundi 14 mars 2022 en France. (être)

프랑스에서는 2022년 3월 14일 월요일부터 실내에서 마스크 착용이 더 이상 의무가 아닙니다.

(3) **전미래**

Quand vous aurez pris① l'habitude de faire ce travail, cela deviendra② presque automatique. (prendre / devenir)

당신이 이 업무를 하는 데 습관이 되면 거의 자동으로 될 것입니다.

Tip

①의 행위가 ②보다 앞서 일어날 미래이기 때문에 ①을 전미래로, ②을 단순 미래로 사용한다.

poursuivre (v.) 뒤쫓다, 추격하다, 계속하다

Master (n.m) 석사, 석사학위

droit (n.m) 권리, 법, 법률

port (n.m) 착용

masque (n.m) 마스크

obligatoire (adj.) 의무적인, 필수적인

en intérieur (loc.) 내부에서, 안에서

à partir de (loc.) (기점) ~부터

avoir l'habitude de + inf. (loc.) ~하는 습관이 있다, ~하는 것이 습관 되다

deviendra (v.) (devenir 동사의 단순 미래) ~이 되다

presque (adv.) 거의, 대부분

automatique (adj.) 기계적인, 자동의

Lecture et compréhension

4-3

Comment vous vous imaginez quand vous aurez 100 ans ?

Selon un rapport de l'ONU, l'espérance de vie a augmenté de 21 ans depuis 1955. Comment vous vous imaginez quand vous aurez 100 ans? Votre avenir sera très différent de maintenant? Voici un garçon qui parle de son avenir.

Raphaël

Quand j'aurai 100 ans...
Je serai en pleine forme car j'aurai fait plein d'activités sportives.
Je vivrai dans une grande maison au bord de la rivière car j'aurai beaucoup gagné.
Je ne travaillerai plus car j'aurai pris ma retraite vers 50 ans.
Je serai heureux car j'aurai eu une vie sans regret!

지문을 읽고 전미래를 사용한 문장을 찾아 쓰고 한국어로 번역해 보세요.

(1) Phrase 1
- En français: ______
- En coréen: ______

(2) Phrase 2
- En français: ______
- En coréen: ______

(3) Phrase 3
- En français: ______
- En coréen: ______

(4) Phrase 4
- En français: ______
- En coréen: ______

selon (prép.) ~에 따라, ~에 의하면

ONU (n.f) Organisation des Nations Unie의 약어, 유엔

espérance de vie (n.f) 평균수명

s'imaginer (v.) 자신을 (자신의 모습을) 상상하다

avenir (n.m) 미래, 장래

en plein/en pleine + n. (loc.) ~의 한복판에, 완전히

forme (n.f) 형태, 모양, 건강 상태, 컨디션

au bord de + n. (loc.) ~가장자리에, ~가에

rivière (n.f) 강, 하천

car (conj.) 왜냐하면

gagner (v.) 얻다, 승리하다, (돈을) 벌다

prendre sa retraite (loc.) 은퇴하다, 퇴직하다

vers (prép.) ~무렵에, ~쯤에

eu (p.p) avoir 동사의 과거분사

sans + n. (prép.) (보통 무관사 명사와 함께) ~없이, ~없는

regret (n.m) 후회, 아쉬움

Révision du vocabulaire

프랑스어 단어와 한국어 뜻을 알맞게 연결해 보세요.

(1) le port	(a) 의무적인, 필수적인
(2) ranger	(b) 권리, 법, 법률
(3) manquer	(c) (테이블 등을) 치우다
(4) obligatoire	(d) 계속하다
(5) poursuivre	(e) 착용
(6) le droit	(f) 정리하다, 정돈하다
(7) prévenir	(g) 알리다, 예고하다
(8) débarrasser	(h) 부족하다, 모자라다, 그립다, 보고 싶다
(9) devenir	(i) ~이 되다
(10) recevoir	(j) 받다

Leçon

05

부정법(동사원형)

L'infinitif

부정법의 사용

프랑스어 동사는 시제(현재, 과거, 미래)별로 인칭에 따른 변화가 존재한다. 하지만 부정법은 비인칭 형태의 동사로 인칭에 따른 변화 없이 불변의 형태로 사용하며 흔히 '동사원형'으로 이해할 수 있다.

부정법의 형태

부정법은 현재와 과거의 두 형태로 나뉜다. 'être + 과거분사'에서 다른 완료 시제와 마찬가지로 문장의 주어에 따라 과거분사를 성수일치 한다. 또, 대명동사는 대명사 (me, te, se, nous, vous, se)를 같이 변화한다.

구분	형태	예시
부정법 현재	부정법(동사원형)	faire partir se lever
부정법 과거	avoir + 과거분사 être + 과거분사 (성수일치 필요)	avoir fait être parti(e)(s) s'être levé(e)(s)
부정법 현재 부정형	ne pas + 부정법(동사원형)	ne pas faire ne pas partir ne pas se lever
부정법 과거 부정형	ne pas avoir + 과거분사 ne pas être + 과거분사 (성수일치 필요)	ne pas avoir fait ne pas être parti(e)(s) ne pas s'être levé(e)(s)

* 부정(la négation)의 형태 ne~pas뿐만 아니라 ne~jamais(결코, 절대 ~하지 않다), ne~plus(더 이상 ~하지 않다), ne~rien(아무것도 ~하지 않다) 등의 형태도 부정법(l'infinitif)과 사용할 때 동일한 어순을 지닌다.
→ Ne jamais faire, ne plus manger, ne rien dire, etc.

Exemples

5-1

(1) **전치사 à/de/pour/sans + 부정법**

Tu as quelque chose à me dire?
너 나한테 할 말 있어?

Elle est partie sans dire au revoir.
그녀는 작별인사를 하지 않고 떠났습니다.

(2) **aimer/préférer/détester/aller/vouloir/pouvoir/devoir/falloir/savoir etc. + 부정법**

Je suis une personne toujours stressée et très tendue mais je ne sais pas me reposer.
저는 항상 스트레스를 받고 긴장하는 사람입니다, 하지만 저는 쉴 줄 몰라요(어떻게 쉬는지 몰라요).

La vie, c'est comme une bicyclette, il faut avancer pour ne pas perdre l'équilibre. - Albert Einstein
인생은 자전거와 같습니다, 균형을 잃지 않기 위해 앞으로 나아가야 합니다. - 알버트 아인슈타인

Tip

부정(la négation)의 표현인 'ne~pas'는 부정법(l'infinitif) 앞에 붙여서 사용한다. 즉, 'ne pas + 부정법'의 형태가 되며 pas 대신에 jamais, plus 등 다른 부정의 표현을 대체할 수 있다.

(3) **regarder/voir/écouter/entendre etc. + 목적어(뒤 부정법의 주어 역할) + 부정법**

Un jour, j'ai vu le soleil se coucher à l'horizon.
어느 날, 저는 해가 지평선 위로 지는 것을 보았습니다.

J'ai entendu quelqu'un crier.
저는 누군가 소리치는 것을 들었습니다.

(4) **문장의 시작 부분에서 주어로 사용한다. 이 경우에 부정법은 '명사'로 해석할 수 있다.**

Faire du sport est bon pour la santé.
운동을 하는 것은 건강에 좋습니다.

Aimer, c'est agir. - Victor Hugo
사랑한다는 것은, 행동하는 것입니다. - 빅토르 위고

stressé(e)
(adj.) 스트레스를 받는, 스트레스가 있는

tendu(e)
(adj.) 긴장된

bicyclette
(n.f) 자전거 (= vélo)

avancer
(v.) 나아가다, 전진하다

perdre
(v.) 잃다, 분실하다, 상실하다

équilibre
(n.m) 균형, 밸런스

soleil
(n.m) 해, 태양, 햇볕

se coucher
(v.) 눕다, 자다, (해, 달, 별 등이) 지다

horizon
(n.m) 지평선, 수평선

crier
(v.) 고함치다, 큰 소리로 말하다

agir
(v.) 행동하다

(5) **명령법(l'impératif)을 대체하여 사용한다.**

Ne pas courir dans les couloirs.
복도에서 뛰지 마세요.

Ne pas prendre de photos ou de vidéos.
사진이나 동영상을 찍지 마세요.

Tip

일반적인 명령법은 대상을 명시하여 개인적 어조를 띠지만, 부정법은 특정 대상을 지칭하지 않고 명령을 표현한다. 따라서 공공장소의 안내 표지판, 사용 설명서 등에서 자주 볼 수 있다.

(6) **Après + 부정법 과거**

Après avoir un peu marché, nous sommes finalement arrivées aux Champs-Elysées!
조금 걷고 난 후에, 우리는 드디어 샹젤리제 거리에 도착했습니다!

Après être retourné(e) dans mon pays natal, j'aimerais étudier pour devenir interprète simultané. (retourner)
저는 모국으로 돌아간 후에 동시통역사가 되기 위해 공부하고 싶습니다.

(7) **의문사 comment, où, que, quand, etc. + 부정법**

Comment améliorer sa mémoire?
어떻게 기억력을 향상시킬까요?

Où et quand partir en vacances? Et que faire?
어디로, 언제 휴가를 떠날까요? 그리고 무엇을 할까요?

Tip

일반적인 의문문과 달리 문장의 주어를 사용하여 대상을 특정하지 않고 부정법으로 의문문을 표현할 수 있다. 기사의 제목, 설명서 등에서 자주 볼 수 있다.

courir
(v.) 뛰다, 달리다

couloir
(n.m) 복도, 통로

prendre une(des) photo(s)
(loc.) 사진을 찍다

prendre une(des) vidéo(s)
(loc.) 영상을 찍다

marcher
(v.) 걷다, (기계 등이) 작동하다

finalement
(adv.) 마침내, 결국

natal(e)
(adj.) 태어난

pays natal
(n.m) 고국, 모국, 고향

interprète
(n.) 통역가, 연기자, 연주자

simultané(e)
(adj.) 동시의

communiquer
(v.) 소통하다

améliorer
(v.) 향상시키다, 개선하다

mémoire
(n.f) 기억, 기억력

partir en vacances
(loc.) 휴가를 떠나다

부정법을 사용하는 유용한 표현

[전치사 à + 부정법]

Aider à + inf.	~하는 것을 돕다
Apprendre à + inf.	~하는 법을 배우다
Arriver à + inf.	~하기에 이르다, ~하는 데 성공하다
Autoriser à + inf.	~하는 것을 허가하다, 허용하다
Avoir du mal à + inf.	~하는 데 어려움이 있다
Chercher à + inf.	~하려 애쓰다, ~할 궁리를 하다
Commencer à + inf.	~하기 시작하다
Encourager à + inf.	~하기를 격려하다, 용기를 돋우다
Hésiter à + inf.	~하기를 주저하다, 망설이다
Inviter à + inf.	~하기를 권유하다, 권고하다
Inciter à + inf.	~하도록 부추기다, 장려하다, 권장하다
Penser à + inf.	~할 생각이다
Réussir à + inf.	~하는 데 성공하다
Se décider à + inf.	~하기로 결심하다, 각오하다
Se mettre à + inf.	(갑자기) ~하기 시작하다
S'habituer à + inf.	~하는 데 적응하다
Servir à + inf.	~하는 데 쓰이다, 쓸모가 있다

Exemples

5-2

(1) **Arriver à + inf.** ~하기에 이르다, ~하는 데 성공하다

J'ai sommeil mais je n'arrive pas à dormir.

저는 졸리지만 잠에 들지 않아요.

(2) **Apprendre à + inf.** ~하는 법을 배우다

Jeune, on apprend à parler. Vieux, on apprend à se taire. - Proverbe Juif

젊어서는 말하는 법을 배우고 늙어서는 침묵하는 법을 배웁니다. - 유대 속담

(3) **Hésiter à + inf.** ~하기를 주저하다, 망설이다

J'ai un budget de 600 euros, j'hésite à m'acheter un PC portable de l'occasion.

저는 600 유로의 예산이 있고, 중고 노트북을 사는 것을 망설이고 있습니다.

(4) **Inviter à + inf.** ~하기를 권유하다, 권고하다

Nous vous invitons à contacter le Service clientèle pour toute question ou en cas de problème.

질문이나 문제가 있는 경우에 고객 서비스 센터로 연락 바랍니다.

(5) **S'habituer à + inf** ~하는 데 적응하다

Cette année, la canicule arrive deux semaines en avance par rapport à l'année précédente. Il faut s'habituer à vivre avec ces canicules.

올해는 무더위가 전년 대비 2주 일찍 찾아옵니다. 이러한 무더위와 함께 생활하는 데 익숙해져야 합니다.

(6) **Se mettre à + inf.** ~하기 시작하다

Lorsque le bébé m'a regardé, il s'est mis à pleurer.

아기가 저를 보자 울기 시작했습니다.

jeune
(adj.) 젊은, 어린 / (n.) 청년

vieux / vieille
(adj.) 늙은, 나이가 많은, 오래된 / (n.) 노인

se taire
(v.) 입을 다물다, 침묵하다

proverbe
(n.m) 속담, 격언

budget
(n.m) 예산

s'acheter
(v.) 자신을 위해 구매하다, 사다

PC portable
(n.m) 노트북(= ordinateur portable)

occasion
(n.f) 중고품

contacter + n.
(v.) ~와 연락하다, 접촉하다

service clientèle
(n.m) 고객 서비스, 고객 서비스 센터

en cas de + n.
(loc.) (관사 없이 사용) ~의 경우에

canicule
(n.f) 무더위, 폭염

en avance
(loc.) 미리, 일찍

par rapport à + n.
(loc.) ~와 관련하여, ~에 비해

précédent(e)
(adj.) 앞선, 전의

[전치사 de + 부정법]

Accepter de + inf.	~하는 것을 승낙하다, 동의하다
Arrêter de + inf.	~하기를 멈추다, 중단하다, 중지하다
Cesser de + inf.	~하기를 그만두다, 중단하다
Conseiller de + inf.	~하기를 조언하다, 충고하다
Décider de + inf.	~하기로 결정하다
Demander de + inf.	~하기를 요청하다, 부탁하다
Essayer de + inf.	~하려고 애쓰다, 노력하다
Éviter de + inf.	~하기를 피하다, 삼가다
Finir de + inf.	~하는 것을 끝내다, 마치다
Il est important de + inf.	~하는 것이 중요하다
Il est indispensable de + inf.	~하는 것이 불가피하다
Il est nécessaire de + inf.	~하는 것이 필요하다
Il est préférable de + inf.	~하는 것이 더 좋다, 낫다
Interdire de + inf.	~하는 것을 금지하다
Oublier de + inf.	~하는 것을 잊다, 깜빡하다
Permettre de + inf.	~하기를 허락하다, ~하게 해 주다
Proposer de + inf.	~하기를 제안하다
Refuser de + inf.	~하기를 거절하다
Remercier de + inf.	~해 줘서 고맙다
Risquer de + inf.	~할 위험이 있다, 우려가 있다

Exemples

5-3

(1) **Arrête de + inf.** ~하기를 멈추다, 중단하다

Arrête de t'énerver!

그만 화내!

(2) **Essayer de + inf.** ~하려고 애쓰다, 노력하다

J'ai essayé de convaincre mes parents.

저는 부모님을 설득하려 노력했습니다.

(3) **Il est important de + inf.** ~하는 것은 중요하다

Il est important de ne pas confondre la vie privée et professionnelle sur les réseaux sociaux.

소셜미디어에서 사생활과 직장생활을 혼동하지 않는 것이 중요합니다.

(4) **Demander de + inf.** ~하기를 요청하다, 부탁하다

Je l'ai appelé et lui ai demandé de m'aider.

저는 그에게 연락을 했고 도와달라고 부탁했습니다.

(5) **Oublier de + inf.** ~하는 것을 잊다, 깜빡하다

N'oubliez pas de dire merci aux gens.

사람들에게 고맙다는 말을 잊지 마세요.

(6) **Risquer de + inf.** ~할 위험이 있다, ~할 우려가 있다

Un nouveau confinement risque de provoquer des pertes d'emploi massives.

새로운 락다운은 대규모 일자리 손실을 야기할 우려가 있습니다.

s'énerver
(v.) 신경질 내다, 화내다

convaincre
(v.) 설득하다

confondre
(v.) 혼동하다, 섞다

vie privée
(n.f) 사생활

vie professionnelle
(n.f) 직장생활

appeler
(v.) 부르다, 연락하다

aider
(v.) 돕다, 도와주다

confinement
(n.m) 감금, 격리, 락다운

provoquer
(v.) 야기하다, 유발하다

perte
(n.f) 분실, 상실, 손실

massif/massive
(adj.) 다량의, 대량의

Mise en pratique

다음 괄호 안의 단어를 사용하여 프랑스어로 써 보세요.

(1) 쓰레기를 버리지 마세요. (jeter)

(2) 잔디에서 걷지 마세요. (marcher)

(3) 그는 3살 때 읽고 쓰는 법을 배웠습니다. (apprendre à)

(4) 저는 불을 끄는 것을 깜빡했습니다. (oublier de)

(5) 35살에, 그녀는 엄마가 되기로 결정했습니다. (décider de)

(6) 오늘 와 주셔서 여러분께 감사합니다. (remercier de)

(7) 저는 웃지 않으려 애썼습니다. (essayer de)

(8) 건강을 위해 너무 달고 너무 짜게 먹는 것을 삼가세요. (éviter de)

(9) 자연을 보호하기 위해 쓰레기를 재활용하는 것은 중요합니다. (Il est important de)

(10) 소셜미디어는 우리의 취향, 추억, 경험을 공유하도록 해줍니다. (permettre de)

jeter (v.) 던지다, 버리다
déchet (n.m) 쓰레기, 폐기물
marcher (v.) 걷다
pelouse (n.f) 잔디, 잔디밭
éteindre (v.) 전원 등을 끄다
lumière (n.f) 불, 불빛
devenir (v.) ~이 되다
rire (v.) 웃다
sucré(e) (adj.) 단
salé(e) (adj.) 짠
nature (n.f) 자연
protéger (v.) 보호하다, 보전하다
recycler (v.) 재활용하다
réseau social (n.m) / **réseaux sociaux** (pl.) 소셜미디어
partager (v.) 공유하다
goût (n.m) 취향
souvenir (n.m) 추억
expérience (n.f) 경험

5-4

Les bonnes résolutions pour la nouvelle année

La période entre Noël et la veille du Nouvel An est le meilleur moment pour faire le bilan de l'année.
Alors comme chaque année, avez-vous déjà fait de bonnes intentions pour la nouvelle année?
Mais que choisir? Par où commencer? Pour vous aider, nous vous proposons une liste de bonnes résolutions à suivre.

지문을 읽고 〈보기〉에서 알맞은 동사를 찾아 부정법의 긍정 또는 부정으로 쓰고 한국어로 번역해 보세요.

〈 보기 〉

créer faire dépenser être arrêter passer

(1) • ______________ plus positif.

• En coréen: ______________

(2) • ______________ une routine matinale et la respecter à long terme.

• En coréen: ______________

(3) • ______________ plus de temps en famille.

• En coréen: ______________

(4) • ______________ des compliments plus souvent aux gens.

• En coréen: ______________

(5) • ______________ de l'argent inutilement.

• En coréen: ______________

(6) • ______________ une mauvaise habitude comme par exemple se ronger les ongles, dire des gros mots.

• En coréen: ______________

période (n.f) 기간, 시기
veille (n.f) 전날, 전야
Nouvel An (n.m) 새해, 신년
moment (n.m) 순간, 시간, 때
bilan (n.m) 결산, 종합 평가
intention (n.f) 의지, 의향, 결심
proposer (v.) 제안하다, 제시하다
positif/positive (adj.) 긍정적인
créer (v.) 창조하다, 창작하다, 만들어내다
routine (n.f) 관례, 루틴
matinal(e) (adj.) 아침의
respecter (v.) 존경하다, 존중하다, 준수하다
à long terme (adv.) 장기적인
compliment (n.m) 칭찬
dépenser (v.) 돈을 쓰다, 소비하다
inutilement (adv.) 불필요하게, 쓸데없이
habitude (n.f) 습관, 버릇
comme (conj.) ~와 같이, ~처럼
se ronger (v.) 물어뜯다
ongle (n.m) 손톱, 발톱
gros mot (n.m) 상스러운 말, 욕

Révision du vocabulaire

프랑스어 단어와 한국어 뜻을 알맞게 연결해 보세요.

(1) agir	(a) 멈추다, 중단하다, 중지하다
(2) les réseaux sociaux	(b) 혼동하다, 섞다
(3) courir	(c) 행동하다
(4) hésiter	(d) 허락하다, ~하게 해 주다
(5) arrêter	(e) 뛰다, 달리다
(6) convaincre	(f) 설득하다
(7) éteindre	(g) 전원 등을 끄다
(8) confondre	(h) 소셜미디어
(9) partager	(i) 망설이다, 주저하다
(10) permettre	(j) 던지다, 버리다
(11) jeter	(k) 쓰레기
(12) les déchets	(l) 공유하다

Leçon

06

사역동사 <faire>

Le verbe causatif <faire>

Grammaire

사역동사의 사용

문장의 주어가 행위를 하는 것이 아닌 다른 대상에게 행위를 하게 하는 동사의 형태를 사역동사라 한다. 보통 faire 동사 다음에 동사원형을 사용하여 '~하도록(~하게) 하다/~하도록 시키다' 등으로 해석한다.

사역동사의 문장 구조

1

주어 + faire 동사 + 동사원형 + 사람
(~를 ~하게 하다)

Pleurer (자동사) 울다, 눈물을 흘리다

Faire pleurer (사역동사) 울게 하다, 울리다

Elle pleure à chaque fois qu'elle écoute cette chanson.
① ②

그녀는 이 노래를 들을 때마다 눈물을 흘립니다.

Tip

① 문장의 주어 ② 주체가 행하는 동사

Elle fait pleurer des millions d'auditeurs.
① ② ③

그녀는 수백만 명의 청중들을 울게 합니다(그녀는 수백만 명의 청중들을 울립니다).

Tip

① 문장의 주어 ② 사역동사 ③ 직접목적보어로 'pleurer'의 주체

à chaque fois que + ind.
(loc.) ~할 때마다

million
(n.m) 백만

auditeur/auditrice
(n.) 청중, 청취자, 방청객

2 주어 + faire 동사 + 동사원형 + 사물 + à + 사람
(~에게 ~을 ~하게 하다)

Ranger (타동사) 정리하다, 정돈하다

Faire ranger (사역동사) 정리하게 하다, 정돈하게 하다

Les enfants rangent la chambre.
① ②

아이들이 방을 정리합니다.

Tip

① 문장의 주어 ② 주체가 행하는 동사

La mère fait ranger la chambre aux enfants.
① ② ③

엄마가 아이들에게 방을 정리하게 합니다(엄마가 아이들에게 방 정리를 시킵니다).

Tip

① 문장의 주어 ② 사역동사 ③ 간접목적보어로 'ranger'의 주체

3 주어 + se faire + 동사원형

Vacciner (타동사) 접종하다

Se faire vacciner (사역동사) 백신을 맞다, 예방 접종을 맞다

Les infirmiers peuvent aussi vacciner sur prescription médicale.
① ②

간호사도 의료 처방에 따라 예방 접종을 할 수 있습니다.

Tip

① 문장의 주어 ② 주체가 행하는 동사

Aujourd'hui, je me fais vacciner contre le Covid-19.

오늘 저는 코로나바이러스 백신을 접종합니다.

Tip

스스로 백신을 접종하는 것이 아닌, 의사 또는 간호사 등 다른 주체를 통해 접종하게 되므로 '백신을 맞다'라는 의미로 사용할 때 'se faire vacciner'로 표현한다.

Je me suis fait vacciner contre le Covid-19.

저는 코로나바이러스 백신을 접종했습니다.

infirmier/infirmière
(n.) 간호사

prescription
(n.f) 규정, 전문가의 의견

médical/médicale
(adj.) 의학의, 약의

contre
(prép.) ~에 대비하여, ~를 피하여

사역동사의 성수일치

'faire + 동사원형' 또는 'se faire + 동사원형' 구문의 과거에서 과거분사는 성수일치 하지 않는다.

J'ai fait pleurer ma copine. 저는 여자친구를 울렸습니다.

Je l'ai fait pleurer. (○) 저는 그녀를 울렸습니다.

Je l'ai faite pleurer. (×)

Elle s'est fait vacciner. (○) 그녀는 백신을 접종했습니다.

Elle s'est faite vacciner. (×)

사역동사의 시제

1 **Rire** (자동사) 웃다

Faire rire (사역동사) 웃게 하다

현재	Tu me fais rire.
반과거	Tu me faisais rire.
복합 과거	Tu m'as fait rire.
근접 미래	Tu vas me faire rire.

Tip

사역동사에서 목적보어 대명사의 위치

① 현재/반과거: faire 동사 변화 바로 앞에 위치.

② 복합 과거: 조동사 avoir / être 변화 바로 앞에 위치.

③ 근접 미래: faire 동사 원형 바로 앞에 위치.

2 **Manger** (타동사) 먹다

Faire manger (사역동사) 먹게 하다

현재	La mère fait manger des légumes aux enfants.
반과거	La mère faisait manger des légumes aux enfants.
복합 과거	La mère a fait manger des légumes aux enfants.
근접 미래	La mère va faire manger des légumes aux enfants.

* 예문에 언급되지 않은 근접 과거, 대과거, 전미래 등 다른 시제에서도 사역동사를 사용할 수 있다.

Mise en pratique

다음 괄호 안의 동사와 시제를 사용하여 사역동사 faire로 문장을 써 보세요.

(1) 너는 나를 웃게 했어. (rire / 복합 과거)

(2) 이 장소는 제게 크리스마스를 생각나게 합니다. (penser / 현재)

(3) 그것은 제게 여름 해변을 꿈꾸게 합니다. (rêver / 현재)

(4) 저는 독감 예방 주사를 접종했습니다. (se vacciner / 복합 과거)

(5) 그 사장은 직원들을 계약서 없이 일하게 했습니다. (travailler / 복합 과거)

(6) 기술 혁신은 우리에게 일자리를 잃게 합니다. (perdre / 현재)

penser à + n.
(loc.) ~에 대해 생각하다

rêver à + n.
(loc.) ~을 꿈꾸다, 공상하다

plage
(n.f) 해변

contre
(prép.) ~에 대비하여, ~를 피하여

grippe
(n.f) 독감

partron/patronne
(n.) 주인, 사장, 우두머리

sans + n. (무관사)
(prép.) ~없이

contrat
(n.m) 계약, 계약서

innovation
(n.f) 혁신

technologique
(adj.) 공학의, 기술학의, 과학기술의

perdre
(v.) 잃다, 상실하다, 분실하다

emploi
(n.m) 일자리, 직장, 일

Lecture et **compréhension**

6-1

Comment faire rire un bébé

Le rire est le meilleur remède pour remonter le moral. Jouer à des jeux, chanter des chansons et chatouiller sont de bons moyens de faire rire un bébé. Ces jeux aideront également un bébé à développer des compétences cognitives précoces.
Faire rire un bébé est facile grâce à des jeux simples. Vous pouvez faire des choses comme danser, applaudir ou faire d'autres gestes. Faire danser et chanter une marionnette à main pour votre bébé le fera rire.

지문을 읽고 사역동사를 사용한 문장을 찾아 쓰고 한국어로 번역해 보세요.

(1) Phrase 1

- En français: ____________________
- En coréen: ____________________

(2) Phrase 2

- En français: ____________________
- En coréen: ____________________

(3) Phrase 3

- En français: ____________________
- En coréen: ____________________

rire (n.m) 웃음 / (v.) 웃다

meilleur
(adj.) 형용사 bon의 우등비교 (정관사를 붙여 최상급)

remède
(n.m) 치료제, 치료법

remonter le moral
(loc.) 사기를 북돋우다, 활력을 주다

jeu (n.m) 놀이, 게임

chatouiller (v.) 간질이다

moyen (n.m) 수단, 방법

également
(adv) 동등하게, 역시, 마찬가지로

développer
(v.) 발전시키다, 확장시키다, 키우다

compétence
(n.f) 역량, 능력

cognitif
(adj.) 인식의, 인지의

précoce
(adj.) 이른, 조기의

grâce à + n.
(loc.) ~덕분에, 덕택에

geste
(n.m) 손짓, 몸짓, 제스처

applaudir
(v.) 박수를 치다

marionnette
(n.f) 마리오네트, 꼭두각시 인형

Révision du vocabulaire

프랑스어 단어와 한국어 뜻을 알맞게 연결해 보세요.

(1) l'infirmier	(a) 울다
(2) l'auditeur	(b) 웃다, 웃음
(3) le patron	(c) 꿈꾸다, 희망하다
(4) la grippe	(d) 계약, 계약서
(5) rire	(e) 간호사
(6) pleurer	(f) 청취자
(7) le contrat	(g) 독감
(8) rêver	(h) 사장, 우두머리
(9) l'innovation	(i) 일자리, 직장, 일
(10) l'emploi	(j) 혁신

Leçon

07

단순 관계대명사

Les pronoms relatifs simples

관계대명사의 사용

앞서 나온 명사(선행사)가 뒤의 문장에서 반복되는 것을 피하면서 문장을 연결하기 위해 사용한다. 중급 이상의 프랑스어에서 매우 필수적인 문법 요소로, 문장의 구조(직접목적보어의 구분 등)와 전치사를 사용하는 동사의 이해가 우선시되어야 한다.

관계대명사의 종류

관계대명사	용법
QUI	• 주격 관계사로, 이어지는 관계절에서 주어가 선행사와 같을 때 사용 • 선행사로 사람, 사물, 장소를 사용
QUE	• 직접목적격 관계사로, 이어지는 관계절에서 직접목적어가 선행사와 같을 때 사용 • 선행사로 사람, 사물, 장소를 사용
DONT	• 이어지는 관계절에서 전치사 de 이하의 명사/동사가 선행사와 같을 때 사용 • 선행사로 사람, 사물, 장소를 사용
OÙ	• 선행사가 이어지는 관계절에서 장소 또는 시간과 같을 때 사용 • 선행사로 장소 명사, 시간의 표현을 사용
CE QUI	• 선행사 없이 사용하는 주격 관계사 • <voilà>, <c'est> 등과 자주 같이 사용
CE QUE	• 선행사 없이 사용하는 직접목적격 관계사 • <voilà>, <c'est> 등과 자주 같이 사용
CE DONT	• 선행사 없이 사용하며 이어지는 관계절에서 '전치사 de + 명사/동사'가 필요할 때 사용 • <voilà>, <c'est> 등과 자주 같이 사용

Exemples

7-1

(1) QUI + 동사

Les meilleurs aliments qui font maigrir du ventre.
뱃살을 빼게 해 주는 가장 좋은 음식.

- 무엇이 살을 빼게 해 주는가? → Les meilleurs aliments

Angélie est un prénom qui signifie « le messager» en grec.
안젤리는 그리스어로 ≪메신저≫를 의미하는 이름입니다.

- 무엇이 그리스어로 ≪메신저≫를 의미하는가? → un prénom Angélie

Tip

관계사 'qui'의 다음의 동사는 선행사 (명사)에 맞추어 동사 변화한다.

(2) QUE + 주어 + 동사

Je ne sais pas la personne que vous cherchez.
저는 당신이 찾고 있는 사람을 모릅니다.

- 무엇을 당신이 찾고 있는가? → la personne

Quelle est la première chose que vous faites le matin?
당신이 아침에 가장 먼저(첫 번째) 하는 일은 무엇인가요?

- 무엇을 당신은 아침에 하는가? → la première chose

(3) DONT + 주어 + 동사

Tu pourras y trouver toutes les informations dont tu as besoin.
거기에서 네가 필요한 모든 정보를 찾을 수 있을 거야.

- 무엇을 당신은 필요로 하는가? → toutes les informations (tu as besoin de 이하에서 반복)

C'est un événement dont je me souviens très bien.
이것은 제가 아주 잘 기억하고 있는 일(사건)입니다.

- 무엇을 당신은 잘 기억하고 있는가? → un événement (je me souviens très bien de 이하에서 반복)

aliment
(n.m) 음식, 식품

maigrir
(v.) 야위다, 살이 빠지다

ventre
(n.m) (신체) 배, 복부

prénom
(n.m) 이름

signifier
(v.) 의미하다, 뜻하다

messager
(n.m) 심부름꾼, 메신저

grec
(adj.) 그리스의
(n.) 그리스어, 그리스인

avoir besoin de + n.
(loc.) ~이 필요하다

se souvenir de + n.
(loc.) 기억하다, 생각나다

événement
(n.m) 사건, 일, 이벤트

grandir
(v.) 크다, 성장하다, 자라다

neiger
(v.) 눈이 오다

nouveau/nouvelle
(adj.) 새로운

drôle
(adj.) 웃긴, 재미있는

gros/grosse
(adj.) 뚱뚱한, 굵은, 큰

yeux
(n.m) (신체) 눈(단수형은 œil)

rond(e)
(adj.) 둥근

(4) OÙ + 주어 + 동사

J'aime beaucoup cette ville où j'ai grandi.
저는 제가 자란 이 도시가 정말 좋습니다.

• 어디에서 나는 자랐는가? → dans cette ville
(장소 전치사가 생략되어 관계사로 연결)

Janvier, c'est un mois où il neige beaucoup.
1월은 눈이 많이 오는 달입니다.

• 언제 눈이 많이 오는가? → Janvier (un mois)

(5) Ce qui + 단수형 동사

J'aime ce qui est nouveau.
저는 새로운 것을 좋아합니다.

• 어떤 것이 새로운지 선행사로 지정되지 않았기 때문에 ce qui로 사용한다.

Ce qui est drôle, c'est qu'il me regardait avec des gros yeux ronds.
웃긴 것은, 그가 저를 동그란 큰 눈으로 쳐다보고 있었다는 것입니다.

(6) Ce que + 주어 + 동사

Fais ce que tu veux.
네가 원하는 걸 해.

• 어떤 것을 원하는지 선행사로 지정되지 않았기 때문에 ce que로 사용한다.

C'est ce que je voulais te dire. = Voilà ce que je voulais te dire.
이것이 너에게 하고 싶었던 말이야.

(7) Ce dont + 주어 + 동사

Je ne comprends pas ce dont tu parles. (parler de + 명사)
네가 말하는 것이 이해가 안 돼.

• 어떤 것에 대해 말했는지 선행사로 지정되지 않았기 때문에 ce dont로 사용한다.

C'est ce dont j'ai le plus besoin en ce moment. (avoir besoin de + 명사)
이것이 지금 제가 가장 필요한 것입니다.

〈QUE〉 또는 〈OÙ〉

〈QUE〉, 〈OÙ〉는 선행사에 따라 선택하는 것이 아닌, 관계절에서 어떤 문장 구조로 사용되느냐에 따라 구분한다.

1 L'endroit que je préfère à Paris, c'est le jardin des Tuileries.
제가 파리에서 좋아하는 장소는 튈르리 공원입니다.

- 선행사인 L'endroit는 관계절의 동사 préférer의 직접목적어와 동일하기 때문에 〈QUE〉로 연결한다.

2 L'endroit où je préfère me promener à Paris, c'est le jardin des Tuileries.
제가 파리에서 산책하기 좋아하는 장소는 튈르리 공원입니다.

- 선행사인 L'endroit는 관계절의 동사 'se promener'에 연결되기 위해 장소 전치사가 필요하기 때문에 〈OÙ〉로 연결한다.

3 C'est au lycée que j'ai trouvé ma voie.
저의 진로를 찾은 곳은 고등학교입니다.

- 이 문장은 c'est ~ que ~ 라는 강조구문으로 선행사를 강조하기 위해 사용하며 장소를 나타내지만 〈QUE〉로 연결한다.

모음 축약의 규칙

- 〈QUE〉 + 모음/무음 h로 시작하는 단어 → 축약 o
- 〈QUI〉 + 모음/무음 h로 시작하는 단어 → 축약 ×
- 〈OÙ〉 + 모음/무음 h로 시작하는 단어 → 축약 ×

Exemples

7-2

Il me répète ce qu'il m'a dit. (○)

Il me répète ce que il m'a dit. (×)

그는 내게 말했던 것을 반복해서 말합니다.

J'aime ce qui est clair. (○)

J'aime ce qu'est clair. (×)

저는 명확한 것을 좋아합니다.

Le Québec est l'un des endroits où on parle français. (○)

= Le Québec est l'un des endroits où l'on parle français. (○)

퀘벡은 프랑스어를 사용하는 곳 중 하나입니다.

Tip

인칭대명사 on는 모음이 충돌하는 것을 피하기 위해 l'on로 사용한다. 하지만 이 형태의 변화는 의무가 아니다.

Mise en pratique

다음 빈칸에 들어갈 적합한 관계대명사를 써 보세요.

(1) J'aime les gens ______________ me font rire.

(2) N'oublie pas ______________ je t'ai dit.

(3) Quel est le film ______________ vous rend heureux ?

(4) Quelle est le mot français ______________ vous aimez le plus ?

(5) Quelle est la chose ______________ vous êtes le plus fier dans votre vie ?

(6) Dans la vie, il y a des choses ______________ nous devrions connaître absolument.

(7) Lucas est descendu de l'arbre ______________ il était monté pour voir s'il y avait des cerises.

(8) ______________ je fais n'est jamais ennuyeux, puisque je fais toujours ______________ me plaît.

(9) Le Jardin du Luxembourg est un lieu superbe et parfait ______________ l'on peut flâner.

(10) Nous sommes en vacances dans un hôtel, et il y a la mer tellement chouette, sauf aujourd'hui ______________ il pleut.

(11) Samcheong-dong est le quartier ______________ mêle une architecture traditionnelle et moderne.

(12) Le pourcentage de jeunes ______________ votent aux élections nationales est en baisse dans de nombreux pays.

faire rire (v.) 웃게 하다
oublier (v.) 잊다, 깜빡하다
mot (n.m) 단어, 낱말
rendre + adj. (v.) ~하게 만들다, ~하게 하다
être fier/fière de + n. (loc.) ~을 자랑스러워하다
absolument (adv.) 절대적으로, 꼭
descendre (v.) 내려가다, 내리다
arbre (n.m) 나무
monter (v.) 올라가다, 올리다
cerise (n.f) 체리
ennuyeux/ennuyeuse (adj.) 지루한
puisque (conj.) 왜냐하면, ~이므로
plaire à + n. (loc.) ~의 마음에 들다
lieu (n.m) 장소
superbe (adj.) 멋진, 굉장한
parfait(e) (adj.) 완벽한
flâner (v.) 거닐다, 산책하다
chouette (adj.) 근사한, 아주 멋진 / (n.f) 올빼미
sauf (prép.) ~을 제외하고
mêler (v.) 겸비하다, 혼합되다, 섞이다
architecture (n.f) 건축, 건축양식
pourcentage (n.m) 비율, 퍼센트
voter (v.) 투표하다
élection (n.f) 선거
national(e) (adj.) 국가의, 국민의, 국립의
en baisse (loc.) 하락 중인

7-3

Emmanuel et Brigitte Macron, un couple présidentiel

C'est dans un lycée qu'Emmanuel Macron et Brigitte Macron se sont rencontrés.
Brigitte était sa professeure de théâtre au lycée de la Providence d'Amiens.
À leur rencontre, au début des années 90, Emmanuel Macron a 16 ans, il est lycéen.
Brigitte Trogneux, elle, est mariée et mère de trois enfants. Emmanuel tombe amoureux de cette femme, malgré leurs 24 ans d'écart.
Seulement, dans une petite ville où tout se sait, la rumeur court. Brigitte Trogneux change d'établissement scolaire, et le lycéen emménage à Paris, où il fera le reste de ses études.
Le 20 octobre 2007, Emmanuel et Brigitte se marient, en mai 2017, Emmanuel Macron est élu président de la République française.

*사람에 대한 일대기 등을 서술할 때 과거를 사용하지 않고 현재로 표현하기도 한다.

지문을 읽고 관계대명사를 사용한 문장을 찾아 쓰고 한국어로 번역해 보세요.

(1) Phrase 1
- En français: ____________________
- En coréen: ____________________

(2) Phrase 2
- En français: ____________________
- En coréen: ____________________

(3) Phrase 3
- En français: ____________________
- En coréen: ____________________

Emmanuel Macron
1977년 12월 프랑스 북북 지역 아미앙(Amiens) 출생으로 프랑스의 25대, 26대 대통령이다. 2012년에 공화국 대통령실 사무차장을 역임, 2014년부터 2016년까지 경제산업디지털부 장관을 역임했다. 2017년 5월 14일, 극우파의 마린 르 펜(Marine Le Pen)에 승리하여 대통령으로 당선되었다. 당선 당시, 39살의 나이로 프랑스 역사상 가장 젊은 대통령이다. 영부인 브리지트 마크롱(Brigitte Macron)과 24살의 나이 차이와, 고등학교 선생님과 학생 신분의 만남으로 후보자 시절부터 화제가 되었다.

lycée (n.m) 고등학교

se rencontrer (v.) 서로 만나다

rencontre (n.f) 만남

au début de + n. (loc.) ~의 초기에, 처음에

lycéen/lycéenne (n.) 고등학생

marié(e) (adj.) 결혼한, 기혼의

tomber amoureux(se) de + qqn (loc.) ~와 사랑에 빠지다

malgré + n. (prép.) ~에도 불구하고

se savoir (v.) 알려지다

rumeur (n.f) 루머, 소문

courir (v.) 뛰다, 달리다, 퍼지다, 전해지다

établissement scolaire (n.m) 교육 기관, 학교

emménager (v.) 이사하다

reste (n.m) 나머지

se marier (v.) 결혼하다

élu (p.p) élir 동사의 과거분사, 선출하다, 뽑다

Révision du vocabulaire

프랑스어 단어와 한국어 뜻을 알맞게 연결해 보세요.

(1) l'événement	(a) 혼합되다, 섞이다
(2) flâner	(b) 배, 복부
(3) mêler	(c) 야위다, 살이 빠지다
(4) signifier	(d) 자랑스러워하다
(5) grandir	(e) 근사한, 아주 멋진
(6) maigrir	(f) 일, 사건, 이벤트
(7) être fier	(g) 거닐다, 산책하다
(8) le ventre	(h) 크다, 성장하다, 자라다
(9) plaire	(i) 의미하다, 뜻하다
(10) chouette	(j) 마음에 들다

Leçon

08

소유대명사와 지시대명사

Les pronoms possessifs et démonstratifs

소유대명사

Les pronoms possessifs

소유대명사의 사용

앞서 나온 명사가 다음 문장에서 '소유'의 의미로 반복되는 것을 피하기 위해 사용하며 '~의 것'으로 해석한다. 인칭에 따라 형태를 결정짓고 반복되는 명사의 성과 수에 일치한다. 더욱 매끄러운 문장을 위해 자주 사용하지만 의무적으로 소유대명사로 대체할 필요는 없다.

소유대명사의 형태

구분	남성 단수형	남성 복수형	여성 단수형	여성 복수형
나의 것	le mien	les miens	la mienne	les miennes
너의 것	le tien	les tiens	la tienne	les tiennes
그/그녀의 것	le sien	les siens	la sienne	les siennes
우리의 것	le nôtre	les nôtres	la nôtre	les nôtres
당신의 것	le vôtre	les vôtres	la vôtre	les vôtres
그들의 것	le leur	les leurs	la leur	les leurs

소유형용사와 소유대명사의 차이

소유형용사는 명사를 동반하여 사용하며, 명사에 따라 성수일치 한다. 따라서 명사를 붙여 '나의~(어떤 것)', '나의~(어떤 사람)' 등으로 해석할 수 있다.
주의해야 할 형태로는, 모음/무음h로 시작하는 여성형 단수 명사 앞에서 모음 충돌의 이유로 남성형 단수인 mon, ton, son을 사용한다.
반면에, 소유대명사는 앞서 언급된 명사를 가리켜 사용하며, 반복되는 명사를 대체하여 사용하므로 명사를 동반할 수 없다. 따라서 '나의 것', '나의 사람' 등과 같이 해석할 수 있다.

Exemples

8-1

(1) Tout le monde a une faiblesse. La mienne(= ma faiblesse), c'est l'impatience. Et quelle est ta faiblesse?

→ Et quelle est la tienne?

누구나 결점을 가지고 있어. 내 결점은 성급함이야. 너의 결점은 뭐야?

Tip

명사인 faiblesse가 반복 사용되는 것을 피해 '나의 것'을 나타내는 1인칭 여성 단수형인 la mienne와 '너의 것'을 나타내는 2인칭 여성 단수형인 la tienne를 사용한다.

(2) Boire une tasse de café, c'est ma routine du matin à moi. Et quelle est votre routine du matin?

→ Et quelle est la vôtre?

커피 한 잔을 마시는 것이 저의 아침 루틴입니다. 당신의 아침 루틴은 무엇인가요?

Tip

'à + 사람/강세대명사'를 사용하여 소유를 표현할 수도 있다.

(3) En Corée du Sud, la manière de compter l'âge diffère de notre manière de compter l'âge.

→ En Corée du Sud, la manière de compter l'âge diffère de la nôtre.

한국에서 나이를 세는 방법은 우리의 방법과는 다릅니다.

faiblesse
(n.f) 결점, 약점, 단점

impatience
(n.f) 참을성 없음, 성급함

tasse
(n.f) 찻잔

routine
(n.f) 관례, 루틴

compter
(v.) 셈하다, 계산하다

différer de + n.
(loc.) ~와 다르다

complètement
(adv.) 완전히, 전부

manière
(n.f) 방식, 방법

Mise en pratique 1

다음 밑줄 친 문장을 소유대명사를 사용하여 다시 써 보세요.

(1) Tu connais bien mes goûts, mais je ne connais pas tes goûts.

→ ______

(2) C'est mon opinion à propos de la mixité dans la societé. Quelle est ton opinion ?

→ ______

(3) Nous avons tous une mission à accomplir. Quelle est votre mission ?

→ ______

(4) Non, ce chien guide d'aveugle n'est pas à elle. Son chien a une plaque d'identité à collier qui est différente.

→ ______

(5) Moi, je n'ai pas d'expérience professionnelle dans ce domaine. Pouvez-vous me ranconter vos expériences ?

→ ______

goût
(n.m) 미각, 기호, 취향

opinion
(n.f) 의견, 견해

à propos de + n.
(loc.) ~에 관하여

societé
(n.f) 사회

mission
(n.f) 사명, 임무

accomplir
(v.) 실행하다, 완료하다

domaine
(n.m) 분야, 영역

chien guide d'aveugle
(n.) 시각장애인 안내견

plaque d'identité à collier
(n.f) 인식표 목걸이

expérience
(n.f) 경험, 경력

professionnel/professionnelle
(adj.) 직업의, 직업상의, 전문적인

지시대명사

Les pronoms démonstratifs

지시대명사의 사용

앞서 언급한 명사(사람/사물)를 반복하지 않고 지칭하기 위해 사용하는 대명사이다. 항상 필수적으로 사용하는 것은 아니지만, 반복 사용을 피해 문장을 더욱 간편하고 매끄럽게 할 수 있다. 보통 전치사 de, 관계사, 부사 ci / là 등과 같이 사용한다.

지시대명사의 형태

지칭하는 명사에 따라 성수일치 한다.

구분	남성형	여성형
단수형	celui	celle
복수형	ceux	celles

지시형용사와 지시대명사의 차이

지시형용사는 명사를 동반하여 사용하며, 명사에 따라 성수일치 한다. 따라서 명사를 붙여 '이~(어떤 것)', '저~(어떤 것)', '이~(어떤 사람), '저~(어떤 사람)' 등으로 해석할 수 있다.

주의해야 할 형태로는, 모음/무음h로 시작하는 남성형 단수 명사 앞에서 모음 충돌의 이유로 cet를 사용한다.

반면에, 지시대명사는 앞서 언급된 명사를 가리켜 사용하며, 반복되는 명사를 대체하여 사용하므로 명사를 동반할 수 없다. 따라서 '이것', '저것', '이 사람', '저 사람' 등과 같이 해석할 수 있다.

Exemples

8-2

(1) **전치사 de와 같이 사용한다.**

La vie d'aujourd'hui est différente de la vie d'hier.

→ La vie d'aujourd'hui est différente de celle d'hier.

오늘의 삶은 어제의 삶과 다릅니다.

Tip

한 문장 내에서 명사인 la vie가 반복 사용되는 것을 피해 명사의 성과 수에 맞추어 여성 단수형인 지시대명사 celle을 사용한다.

De tous les livres que j'ai lus, j'ai préféré les livres de Bernard Werber.

→ De tous les livres que j'ai lus, j'ai préféré ceux de Bernard.

제가 읽었던 모든 책 중에서, 베르나르 베르베르의 책들이 좋았습니다.

Tip

관계대명사 que 이하에서 복합 과거가 사용될 때 선행사에 맞추어 과거분사를 성수일치 한다. 따라서 선행사인 livres에 맞추어 과거분사 lu에 복수인 s를 붙인다.

(2) **관계사(qui, que, où, dont)와 같이 사용한다.**

Parmi tous les types de voitures, je préfère les voitures qui sont électriques.

→ Parmi tous les types de voitures, je préfère celles qui sont électriques.

모든 종류의 자동차 중에서 저는 전기 자동차를 선호합니다.

(3) **부사 ci 또는 là를 붙여 사용한다. 이때, ci는 가까이에 있는 것을, là는 더 멀리 있는 것을 지칭한다.**

A Quelle cravate vas-tu mettre pour le mariage?

너는 결혼식에 어떤 넥타이를 맬 거야?

B Comment trouves-tu la cravate-ci?

→ Comment trouves-tu celle-ci?

이건(이 넥타이) 어떤 거 같아?

A Moi, je préfère la cravate-là.

→ Moi, je préfère celle-là.

나는 저게(저 넥타이) 더 좋아.

parmi
(prép.) ~중에서, ~가운데

type
(n.m) 유형, 타입

électrique
(adj.) 전기의, 전기를 사용하는

cravate
(n.f) 넥타이

mettre
(v.) 놓다, 넣다, (옷, 장신구 등을) 입다, 걸치다

trouver
(v.) 찾다, 생각하다

Mise en pratique 2

다음 밑줄 친 단어를 지시대명사를 사용하여 다시 써 보세요.

(1) Mes meilleurs souvenirs sont __________ de mon enfance.

(2) Parmi ces pommes, je voudrais __________ qui sont bien mûres.

(3) Selon moi, la meilleure invention de l'homme est __________ du téléphone portable.

(4) Cet appartement me plaît, mais je préfère __________ que l'on a visité la semaine dernière.

(5) Pour ma part, les romans de Guillaume Musso sont meilleurs que __________ de Murakami Haruki. Son écriture est claire et simple. J'aime beaucoup son style très particulier.

souvenir
(n.m) 기억, 추억, 기념품

enfance
(n.f) 유년기, 어린시절

mûr/mûre
(adj.) (과일이) 익은, (사람이) 성숙한

selon
(prép.) ~에 따라, ~에 의하면, ~의 관점에서

invention
(n.f) 발명, 발명품

plaît
(v.) plaire 동사 현재 변화, 마음에 들다

pour ma part
(loc.) 나로서는, 나에게는

roman
(n.m) 소설

écriture
(n.f) 글씨, 문체

clair(e)
(adj.) 명료한, 분명한

particulier / particulière
(adj.) 특별한

Lecture et **compréhension**

8-3

Le vêtement traditionnel coréen, Hanbok

Le costume traditionnel coréen s'appelle hanbok. Le mot «hanbok» signifie «vêtement coréen» et il est considéré comme un véritable héritage culturel.
Il existe le hanbok pour la femme et un autre pour l'homme. Celui de la femme comporte une veste et une jupe. La couleur du haut est normalement différente de celle du bas. Celui de l'homme se compose d'une veste et d'un pantalon.
Aujourd'hui, le hanbok est généralement porté lors d'événements importants comme le Nouvel An lunaire (Seollal), les mariages ou le premier anniversaire d'un bébé (Doljanchi).

지문을 읽고 지시대명사가 나온 문장을 찾아 쓰고 한국어로 번역해 보세요.

(1) Phrase 1

- En français: ______________________
- En coréen: ______________________

(2) Phrase 2

- En français: ______________________
- En coréen: ______________________

(3) Phrase 3

- En français: ______________________
- En coréen: ______________________

costume (n.m) 의복, 의상

considéré(e) (adj.) ~로 간주되고 있는

comme (conj.) ~같은, ~처럼, ~등의

véritable (adj.) 진정한

héritage (n.m) (시대, 사회 등의) 유산

culturel/culturelle (adj.) 문화의, 문화적인

exister (v.) 존재하다, 있다

comporter (v.) 포함하다, 내포하다

veste (n.f) 웃옷, 상의

jupe (n.f) 치마

couleur (n.f) 색, 색깔

haut (adj.) 높은 / (n.m) 위, 높은 곳 (유음 h로 모음 축약하지 않음)

se composer de + n. (loc.) ~로 구성되다, ~로 이루어지다

pantalon (n.m) 바지

lors de + n. (loc.) ~때, ~할 때

événement (n.m) 행사, 사건, 이벤트

lunaire (adj.) 음력의, 달의

Révision du vocabulaire

프랑스어 단어와 한국어 뜻을 알맞게 연결해 보세요.

(1) parmi	(a) 발명, 발명품
(2) la faiblesse	(b) 방법, 방식
(3) le goût	(c) 유년기, 어린시절
(4) l'opinion	(d) (과일이) 익은, (사람이) 성숙한
(5) la manière	(e) 미각, 기호, 취향
(6) l'invention	(f) 결점, 약점, 단점
(7) électrique	(g) ~중에서, ~가운데
(8) mûr	(h) 의견, 견해
(9) compter	(i) 셈하다, 계산하다
(10) l'enfance	(j) 전기의, 전기를 사용하는

Leçon

09

과거분사

Le participe passé

과거분사의 사용

과거분사는 동사 또는 수식 형용사로 사용하며 인칭에 따른 변화가 없는 형태이다. 다만, 복합 시제를 만들 때 'être + 과거분사'의 구문에서 일반적으로 성수일치가 필요하다. 1군, 2군 동사의 과거분사는 규칙적이지만, 나머지 많은 불규칙 형태들은 숙지해야 한다.

과거분사의 형태

1 어미가 ≪ u ≫로 끝나는 경우

구분	동사원형	과거분사
마시다	boire	bu
보다, 만나다	voir	vu
알다	savoir	su
할 수 있다	pouvoir	pu
해야 한다	devoir	dû
믿다, 확신하다	croire	cru
비가 오다	pleuvoir	plu
받다	recevoir	reçu
원하다	vouloir	voulu
읽다	lire	lu
살다, 생활하다	vivre	vécu
뛰다, 달리다	courir	couru

2 어미가 ≪ i ≫로 끝나는 경우

구분	동사원형	과거분사
끝내다, 마치다	finir	fini
성공하다	réussir	réussi
자다, 잠들다	dormir	dormi
거짓말하다	mentir	menti
떠나다, 출발하다	partir	parti
대접하다, 내놓다	servir	servi
웃다	rire	ri
미소짓다	sourire	souri
뒤따라가다, 수강하다	suivre	suivi

3 어미가 ≪ nu ≫로 끝나는 경우

구분	동사원형	과거분사
오다	venir	venu
유래하다, 나오다	provenir	provenu
(상태 등이) ~이 되다	devenir	devenu
기억나다, 생각나다	souvenir	souvenu
쥐다, 잡다, (약속 등을) 지키다	tenir	tenu
얻다, 획득하다	obtenir	obtenu

4 어미가 ≪ is ≫로 끝나는 경우

구분	동사원형	과거분사
놓다, 두다	mettre	mis
약속하다	promettre	promis
잡다, 쥐다, 섭취하다	prendre	pris
배우다, 터득하다	apprendre	appris
이해하다, 포함하다	comprendre	compris
앉히다	asseoir	assis

5 어미가 ≪ it ≫로 끝나는 경우

구분	동사원형	과거분사
말하다	dire	dit
쓰다	écrire	écrit
하다, 만들다	faire	fait
기입하다, 등록시키다	inscrire	inscrit
운전하다	conduire	conduit
건축, 건설하다	construire	construit
생산하다	produire	produit
줄이다, 축소하다	réduire	réduit

6 어미가 ≪ **ert** ≫로 끝나는 경우

구분	동사원형	과거분사
열다	ouvrir	ouvert
주다, 제공하다	offrir	offert
덮다, 가리다	couvrir	couvert
발견하다, 찾아내다	découvrir	découvert
(고통 등을) 겪다, 받다	souffrir	souffert

7 다른 형태의 과거분사

구분	동사원형	과거분사
가지다	avoir	eu
~이다, ~있다	être	été
태어나다	naître	né
죽다	mourir	mort

Exemples

9-1

(1) **조동사와 함께 사용하여 복합 시제를 표현한다. (조동사가 être일 때 성수일치 필요)**

[être/avoir + 과거분사]

BTS a reçu de très nombreuses récompenses depuis ses débuts en 2013. (recevoir)

BTS는 2013년 데뷔 이후 수많은 상을 받았습니다.

Elle s'est installée à côté de moi après avoir sorti la bouteille de champagne. (s'installer/sortir)

그녀는 샴페인 한 병을 꺼낸 후에 제 옆에 앉았습니다.

(2) **수동태에서 사용한다**(수동태는 10과 참조). **(성수일치 필요)**

[être + 과거분사]

En France près de 100 000 chiens et chats sont abandonnés chaque année. (abandonner) – 수동태 현재

프랑스에서 매년 거의 10만 마리의 개와 고양이가 유기됩니다.

J'ai été volé à l'hôtel. Qui est responsable? (voler) – 수동태 복합 과거

저는 호텔에서 도둑을 맞았습니다. 누가 책임이 있어요?

(3) **명사를 수식하는 형용사로 사용한다. (성수일치 필요)**

[명사 + 과거분사]

Les passagers vaccinés peuvent prendre l'avion sans passer de test. (vacciner)

백신 접종을 한 승객들은 검사를 거치지 않고 비행기를 탈 수 있습니다.

Comment peut-on trouver une pharmacie ouverte en semaine, le dimanche, un jour férié ou la nuit? (ouvrir)

주중, 일요일, 공휴일 또는 야간에 영업하는 약국을 어떻게 찾을 수 있어요?

nombreux/nombreuse
(adj.) (명사 앞에서) 수많은, 많은

récompense
(n.f) 상, 대가, 보상

début
(n.m) 시작, 첫 진출, 데뷔

s'installer
(v.) 자리 잡다, 정착하다, 앉다

sortir
(v.) 나가다, 외출하다, 꺼내다

abandonner
(v.) 유기하다, 버리다, 포기하다

voler
(v.) (새 등이) 날다, 훔치다, 도둑질하다

responsable
(n.) 책임자 / (adj.) 책임이 있는

chaque
(adj.) (명사 앞에서) 각각의, 매, ~마다

vacciner
(v.) 백신 접종을 하다

passager
(n.) (배, 비행기 등의) 승객

avion
(n.m) 비행기

sans + inf.
(prép.) ~하지 않고

passer
(v.) 지나가다, 통과하다

ouvrir
(v.) 열다, 개점하다, 영업하다

en semaine
(loc.) 주중에

jour férié
(n.m) 공휴일

과거분사의 성수일치

1 대명동사의 과거

Elle s'est lavée avant de se coucher.
그녀는 자러 가기 전에 씻었습니다. (성수일치 O)

Elle s'est lavé les mains avant de passer à table.
그녀는 식사하기 전에 손을 씻었습니다. (성수일치 X)

Tip

직접목적보어를 동반하는 대명동사는 성수일치 하지 않는다. (les mains → 직접목적보어)

2 상호적 의미로 사용하는 대명동사의 과거

Ils se sont aimés.
그들은 서로(를) 사랑했습니다. (성수일치 O)

Ils se sont parlé au téléphone.
그들은 전화로 서로(에게) 말했습니다. (성수일치 X)

Tip

복합 시제에서 직접목적어의 의미(~을/를)로 사용하는 대명동사는 주어에 따라 과거분사를 성수일치 하지만 간접목적어의 의미(~에게)로 사용하는 대명동사는 성수일치 하지 않는다.

3 직접목적어 대명사 또는 직접목적어 관계사를 사용하는 복합 시제

Il m'a invité(e) à l'avant-première du film.
그는 저를 영화 시사회에 초청했습니다. (성수일치 O)

Je vis la vie que j'ai choisie.
저는 제가 선택한 삶을 삽니다. (성수일치 O)

Tip

복합 시제에서 직접목적보어 대명사(me, te, le, la, nous, vous, les)가 있거나, 직접목적격관계대명사 que 이하의 문장이 복합 시제일 때 선행사에 따라 성수일치 한다. 이때, que 이하의 문장이 'avoir + 과거분사'라도 성수일치 한다.

Mise en pratique

다음 괄호 안의 과거분사 중 적합한 형태를 골라 보세요.

(1) Ma fille s'est (cassé / cassée) la jambe en tombant de son vélo.

(2) Les smartphones sont plus (utilisé / utilisés) que les PC pour naviguer sur internet.

(3) Matthieu a sorti de la poche de son manteau les photos qu'il avait (pris / prises) à Paris.

(4) Ils se sont (posé / posés) des questions sur la vie quotidienne.

(5) Le serveur a rapidement ramassé la monnaie que j'avais (laissé / laissée) sur la table.

(6) Mon copain et moi, nous nous sommes (rencontré / rencontrés) pour la première fois à la fac.

(7) Elle s'est (souvenu / souvenue) qu'elle avait un rendez-vous à midi.

(8) J'ai une copine québécoise, je l'ai (vu / vue) hier pour pratiquer mon français.

(9) La première maison qu'on a (visité / visitée) définitivement trop petite et trop chère.

(10) Le nombre de personnes (hospitalisé / hospitalisées) en raison du coronavirus a augmenté de 36% en une semaine.

se casser
(v.) 부러지다, 깨지다

utiliser
(v.) 사용하다, 이용하다

naviguer
(v.) 항해하다, (인터넷 등에서) 서핑하다

poche
(n.f) 주머니

prendre une(des) photo(s)
(loc.) 사진을 찍다

se poser des questions
(loc.) 서로에게 질문을 하다

rapidement
(adv.) 빠르게, 빨리

ramasser
(v.) 수집하다, 수거하다, 줍다

monnaie
(n.f) 동전, 거스름돈

vie quotidienne
(n.f) 일상생활

fac
(n.f) (faculté 약어) 대학교

se souvenir
(v.) 기억나다, 떠올리다

québécois(e)
(n.) 퀘벡 사람

pratiquer
(v.) 실천하다, 실행하다, 연습하다

définitivement
(adv.) 결국, 결정적으로

nombre
(n.m) 수, 숫자

hospitaliser
(v.) 입원시키다

en raison de + n.
(loc.) ~의 이유로, ~때문에

augmenter
(v.) 증가시키다, 높이다, 올리다

9-2

Épidémie de Covid-19

L'épidémie de Covid-19 a touché le monde entier en 2020. Depuis son apparition, la pandémie du Covid-19 a fait plus de 18 millions de morts à la fin 2021 dans le monde.

Nos premiers mois sous le Covid-19 ont changé notre façon de travailler, de communiquer, de se soigner. Depuis, nous nous sommes habitués à limiter nos déplacements, à travailler à distance, à ne plus fréquenter les bars et les restaurants.

Le masque est devenu un accessoire très commun dans notre quotidien. Nous nous sommes tous adaptés, entre nouvelles technologies et nouveau mode de vie.

지문을 읽고 ≪ être + 과거분사 ≫를 사용한 문장을 찾아 쓰고 한국어로 번역해 보세요.

(1) Phrase 1

- En français: __________
- En coréen: __________

(2) Phrase 2

- En français: __________
- En coréen: __________

(3) Phrase 3

- En français: __________
- En coréen: __________

épidémie (n.f) 전염병, 유행병

toucher (v.) 만지다, 충격을 주다, 피해(타격)를 입히다

pandémie (n.f) 세계적 유행병, 팬데믹

sous (prép.) ~의 아래에, 밑에, ~의 영향으로

façon (n.f) 방식, 방법

se soigner (v.) 자신을 돌보다, 건강에 유의하다

s'habituer à + inf. (loc.) ~에 익숙해지다

limiter (v.) 제한하다, 한정하다

déplacement (n.m) 이동, 옮기기

à distance (loc.) 원격의, 멀리서

fréquenter (v.) (장소에) 자주 드나들다, 다니다

commun(e) (adj.) 공동의, 공통의, 일반의

quotidien (n.m) 일상 / (adj.) 매일의, 일상의

s'adapter (v.) ~에 적응하다, ~에 자신을 맞추다

mode de vie (n.f) 생활방식

Révision du vocabulaire

1 다음 동사의 과거분사를 써 보세요.

(1) ouvrir → ______________ (2) vivre → ______________

(3) recevoir → ______________ (4) réduire → ______________

(5) asseoir → ______________ (6) produire → ______________

(7) rire → ______________ (8) obtenir → ______________

(9) souvenir → ______________ (10) avoir → ______________

2 프랑스어 단어와 한국어 뜻을 알맞게 연결해 보세요.

(1) pratiquer (a) 공휴일

(2) la récompense (b) 항해하다, (인터넷) 서핑하다

(3) abandonner (c) 입원시키다

(4) naviguer (d) 실천, 실행하다, 실제로 사용하다

(5) le jour férié (e) 보상, 상, 대가

(6) hospitaliser (f) 대학, 대학교

(7) la fac (faculté) (g) 포기하다, 단념하다, 유기하다

(8) voler (h) 수집하다, 수거하다, 줍다

(9) ramasser (i) 자리 잡다, 정착하다, 앉다

(10) s'installer (j) (새 등이) 날다, 훔치다, 도둑질하다

Leçon

10

수동태

Le passif

수동태의 사용

주어가 행위의 주체가 되는 경우를 능동태라 하는 반면, 주어가 동사의 행동 대상으로 그 행위의 영향을 받거나 당하는 경우를 수동태라 한다. 따라서 '~가 ~당하다'/되다'로 해석한다. 일반적으로 당하는 입장을 강조하기 위해 사용하므로 결과, 상태, 사건 등을 강조하기 위해 매우 자주 사용하는 프랑스어 문법 중 하나다.

수동태의 형태

수동태의 기본 형태는 'être + 과거분사'로, 시제에 따라 être 동사를 변화시킨다. 일반적으로, 행위자(동작주 보어)를 전치사 par로 연결하지만 문장에서 항상 언급해야 하는 것은 아니다. 또, 일부 동사의 수동태는 행위자(동작주 보어)를 전치사 de로 연결한다.

Exemples

être aimé de(사랑받다), être apprécié de(인정받다), être couvert de(덮이다), être détesté de(미움받다), être entouré de(둘러싸이다), être estimé de(평가받다), être respecté de(존경받다), etc

être + 과거분사 (par / de + 행위자)

수동태의 시제 변화

Traduire (타동사) 번역하다
Être traduit (수동태) 번역되다

구분	형태	예문
현재	être 현재 변화 + p.p	Ce livre est traduit.
근접 미래	aller 현재 변화 + être + p.p	Ce livre va être traduit.
단순 미래	être 단순 미래 + p.p	Ce livre sera traduit.
전미래	avoir 단순 미래 + été + p.p	Ce livre aura été traduit.
반과거	être 반과거 + p.p	Ce livre était traduit.
복합 과거	avoir 현재 변화 + été + p.p	Ce livre a été traduit.
대과거	avoir 반과거 + été + p.p	Ce livre avait été traduit.

Exemples

10-1

(1) 수동태 현재

- **Inviter** (타동사) 초대하다, 초청하다
- **Être invité** (수동태) 초대받다, 초청되다

Quand vous êtes invité(e)(s) chez un ami ou collègue, il est important d'adopter un comportement courtois.

친구나 동료의 집에 초대받았을 때 예의를 갖추는 것이 중요합니다.

(2) 수동태 근접 미래

- **Envoyer** (타동사) 보내다, 파견하다
- **Être envoyé** (수동태) 보내지다, 파견되다

Ces trois lions vont être envoyés dans une réserve protégée d'Afrique du Sud cette semaine.

이 세 마리의 사자가 이번 주에 남아프리카 공화국의 보호 구역으로 보내질 것입니다.

(3) 수동태 단순 미래

- **Livrer** (타동사) 배달하다, 배송하다
- **Être livré** (수동태) 배달되다, 배송되다

Votre commande sera livrée le jour même à l'adresse que vous indiquerez.

귀하의 주문은 귀하가 지정하는 주소로 당일 배송됩니다.

(4) 수동태 복합 과거

- **Nominer** (타동사) 지명하다, 임명하다
- **Être nominé** (수동태) 지명되다, 임명되다, 노미네이트되다

BTS a été nominé dans la catégorie « Meilleure performance de duo/groupe pop » avec « Butter », sorti en mai dernier.

방탄소년단은 지난 5월에 발표한 ≪버터≫로 ≪베스트 듀오/팝 그룹 퍼포먼스≫ 부문 후보에 올랐습니다.

(5) 수동태 대과거

- **Élever** (타동사) 양육하다, 키우다
- **Être élevé** (수동태) 양육되다, 키워지다

Jusqu'à l'âge de 7 ans, elle avait été élevée par ses grands-parents.

일곱 살 때까지 그녀는 조부모님에 의해 키워졌습니다.

* 나머지 시제들도 동일하게 수동태로 변화 가능하며, 주어에 따라 과거분사를 성수일치 한다.

collègue
(n.) 동료

adopter
(v.) 채택하다, (태도 등을) 취하다

comportement
(n.m) 행동, 태도, 처신

courtois(e)
(adj.) 예의 바른, 정중한 (= poli)

finalement
(adv.) 마침내, 결국

réserve protégée
(n.f) 보호 구역

commande
(n.f) 주문

jour même
(n.m) 당일

indiquer
(v.) 명시하다, 표시하다

catégorie
(n.f) 부류, 분야, 부문

Mise en pratique

다음 괄호 안의 동사와 시제를 사용하여 수동태로 써 보세요.

(1) 많은 영어 단어들이 프랑스어에서 사용되고 있습니다. (utiliser / 현재)

(2) 일반적으로 이 음료는 차갑게 제공됩니다. (servir / 현재)

(3) 저의 이메일 계정이 해킹당했습니다. (pirater / 복합 과거)

(4) 저는 유기되었던 강아지 한 마리를 입양하고 싶습니다. (abandonner / 복합 과거)

(5) 이 사진은 어디에서 찍힌 건가요 ? (prendre / 복합 과거)

(6) 서른 아홉에, Emmanuel Macron은 프랑스공화국 대통령으로 당선되었습니다. (élir / 복합 과거)

(7) 불에 탄 집이 새롭게 보수될 것입니다. (refaire / 단순 미래)

(8) 프랑스 시리즈 Lupin이 Netfilx에서 올 여름에 방영됩니다. (diffuser / 단순 미래)

boisson
(n.f) 음료

compte
(n.m) 계정, (은행의) 계좌

pirater
(v.) 해킹하다

adopter
(v.) 입양하다

abandonner
(v.) 유기하다, 버리다, 포기하다

élir
(v.) 선출하다, 뽑다

président
(n.) 대통령, 의장

République française
(n.f) 프랑스공화국

brûlé(e)
(adj.) 불에 탄, (음식을 불에) 구운

refaire
(v.) 다시 만들다, 보수하다

à neuf
(loc.) 새롭게, 새로이

série
(n.f) 시리즈, 드라마

diffuser
(v.) 확산시키다, 방송하다, (소문 등을) 퍼뜨리다

10-2

Bernard Werber

Bernard Werber est un écrivain, journaliste et réalisateur français né à Toulouse le 18 septembre 1961. Il est connu pour son roman «Les Fourmis», vendu à plus de 23 millions dans le monde entier.
Il a notamment un très grand nombre de fans en Corée du Sud. Plus de la moitié des ventes mondiales des œuvres de Werber ont été réalisées sur le marché sud-coréen.
« Je suis fasciné par l'incroyable énergie de la Corée. », a-t-il déclaré dans une interview.

지문을 읽고 수동태를 사용한 문장을 찾아 쓰고 한국어로 번역해 보세요.

(1) Phrase 1

- En français: ______________________
- En coréen: ______________________

(2) Phrase 2

- En français: ______________________
- En coréen: ______________________

(3) Phrase 3

- En français: ______________________
- En coréen: ______________________

écrivain(e) (n.) 작가

réalisateur/ réalisatrice (n.) 연출가, 영화감독

connu pour + n. (loc.) ~로 알려진, ~로 유명한

fourmi (n.f) (곤충) 개미

entier (adj.) 전체의, 전부의

notamment (adv.) 특히

moitié (n.f) 반, 절반

vente (n.f) 판매

œuvre (n.f) 저서, 작품

réaliser (v.) 실현하다, 감독하다, 이루다

marché (n.m) 시장

sud-coréen/ sud-coréenne (adj.) 한국의 / (n.) 한국인

fasciner (v.) 사로잡다, 매료시키다

incroyable (adj.) 믿을 수 없는, 굉장한, 경이로운

énergie (n.f) 힘, 에너지

déclarer (v.) 표명하다, 선언하다, 말하다

Révision du vocabulaire

프랑스어 단어와 한국어 뜻을 알맞게 연결해 보세요.

(1) adopter	(a) 방영하다
(2) le compte	(b) 해킹하다
(3) le comportement	(c) 입양하다
(4) indiquer	(d) 배달하다, 배송하다
(5) brûlé	(e) 불에 탄, (음식을 불에) 구운
(6) livrer	(f) 양육하다, 키우다
(7) diffuser	(g) 표시하다, 명시하다
(8) pirater	(h) 선출하다
(9) élir	(i) 행동, 태도
(10) élever	(j) 계정, (은행의) 계좌

Leçon

11

조건법

Le conditionnel

Grammaire

조건법 현재의 사용

바람, 조언, 제안, 정중함, 확실하지 않은 정보, 조건, 가설 등을 표현하기 위한 동사의 변화형을 조건법이라 한다. 직설법에는 현재, 반과거, 대과거, 단순 미래 등의 시제가 있는 반면, 조건법에는 현재와 복합 과거만이 존재한다.

조건법 현재의 형태

1 1군/2군 동사의 조건법 현재

동사원형 + 반과거의 어미(ais, ais, ait, ions, iez, aient)

2 어미가 e로 끝나는 일부 3군 동사
(attendre, boire, connaître, mettre, prendre, etc.)

동사원형의 어미 e 삭제 + 반과거의 어미(ais, ais, ait, ions, iez, aient)

3 3군 불규칙 동사

단순 미래의 어간 + 반과거의 어미

조건법 현재 변화

구분	Parler	Finir	Partir	Prendre
Je	parlerais	finirais	partirais	prendrais
Tu	parlerais	finirais	partirais	prendrais
Il/Elle	parlerait	finirait	partirait	prendrait
Nous	parlerions	finirions	partirions	prendrions
Vous	parleriez	finiriez	partiriez	prendriez
Ils/Elles	parleraient	finiraient	partiraient	prendraient

주의해야 할 동사

- Appeler → J'appellerais
- Acheter → J'achèterais
- Nettoyer → Je nettoierais
- Payer → Je paierais 또는 Je payerais

불규칙 형태의 조건법 현재

대부분의 불규칙 동사들은 단순 미래의 어간에 반과거 어미를 붙여 조건법 현재를 만든다. 이때, 단순 미래와 조건법 현재의 1인칭 단수 변화의 발음이 동일하기 때문에 철자에 주의해야 한다.

구분	단순 미래	조건법 현재
Aller	J'irai	J'irais
Avoir	J'aurai	J'aurais
Devoir	Je devrai	Je devrais
Être	Je serai	Je serais
Faire	Je ferai	Je ferais
Falloir	Il faudra	Il faudrait (3인칭 단수 변화만 존재하는 동사)
Pouvoir	Je pourrai	Je pourrais
Savoir	Je saurai	Je saurais
Venir	Je viendrai	Je viendrais
Voir	Je verrai	Je verrais
Vouloir	Je voudrai	Je voudrais

Mise en pratique 1

다음 괄호 안의 동사를 단순 미래와 조건법 현재의 변화로 써 보세요.

	<단순 미래>	<조건법 현재>
• (Aimer)	J' ______	J' ______
• (Réussir)	Tu ______	Tu ______
• (Dire)	Il ______	Il ______
• (Mettre)	Nous ______	Nous ______
• (Attendre)	Vous ______	Vous ______
• (S'habituer)	Ils ______	Ils ______

Exemples

11-1

(1) **Un désir** 바람

Bonjour. J'aimerais avoir des informations sur les réservations de restaurants. Est ce que c'est difficile d'avoir des places? (aimer)

안녕하세요. 식당 예약에 대한 정보를 알고 싶습니다. 자리를 잡기 어렵나요?

Tip

aimer 동사의 조건법은 vouloir 동사의 조건법과 동의어이다. 즉, '원하다', '바라다'의 의미로 사용한다.

(2) **Un conseil** 조언, 충고

Tu devrais arrêter de fumer pour la santé. (devoir)

너는 건강을 위해 담배를 끊어야 할 것 같아.

(3) **Une politesse** 정중함

Pourriez-vous m'expliquer ce que c'est une ratatouille? (pouvoir)

저에게 라따뚜이가 무엇인지 설명해 줄 수 있으세요?

(4) **Une information incertaine** 확실하지 않은 정보

Selon une étude, le port du masque rendrait notre visage plus beau et plus attractif auprès des autres individus. (rendre)

한 연구에 따르면, 마스크 착용이 다른 사람들에게 우리의 얼굴을 더 아름답고 더 매력적으로 보이게 합니다.

(5) **Ça te(vous) dirait de + 동사원형** ~하기를 원하니(원하세요)?

Ça te dirait d'aller prendre un café? (dire)

커피 한잔하러 갈래?

(6) **On dirait + 명사 / que 주어 + 동사** ~인 것 같다

On dirait qu'il va pleuvoir aujourd'hui. (dire)

오늘 비가 올 것 같아요.

(7) **Un fait imaginaire / une hypothèse sur le présent** 상상의 일/현재에 대한 가정

Si vous aviez 300 euros à dépenser en livres, musique, films, expositions ou concerts, là, maintenant quel serait votre premier achat? (être)

여러분이 책, 음악, 영화, 전시회 또는 콘서트에 지출할 300 유로를 가지고 있다면, 여러분의 첫 번째 구매품은 무엇인가요?

arrêter de + inf.
(loc.) ~하기를 중단하다

fumer
(v.) 담배를 피우다, 흡연하다

expliquer
(v.) 설명하다, 해설하다

ratatouille
(n.f) 라따뚜이(여러 가지 채소를 볶아 소스를 넣어 만든 일종의 스튜)

masque
(n.m) 마스크

visage
(n.m) 얼굴

attractif
(adj.) 매력적인

auprès de + n.
(loc.) (관점) ~에게

prendre un café
(loc.) 커피 한잔하다

dépenser
(v.) 소비하다, 사용하다

exposition
(n.f) 전시, 전시회

achat
(n.m) 구매, 구입, 구매품

조건법 과거의 사용

복합 과거, 대과거와 마찬가지로 완료에 해당하는 시제이며, 과거 행동에 대한 유감, 아쉬움, 비난, 과거에 대한 가정 등을 표현한다.

조건법 과거의 형태

완료에 해당하는 복합 과거, 대과거, 조건법의 과거는 조동사인 être/avoir 시제만 바뀔 뿐 모두 동일하게 'être/avoir + 과거분사'를 기본 형태로 한다.

1 왕래발착 동사와 대명 동사 (주어에 따라 과거분사의 성수일치 필요)

être 동사의 조건법 + 과거분사

2 그 이외 동사

avoir 동사의 조건법 + 과거분사

3 부정문

ne être/avoir 동사의 조건법 pas + 과거분사

조건법 과거의 변화

구분	Parler	Finir	Partir	S'installer
Je(J')	aurais parlé	aurais fini	serais parti(e)	me serais installé(e)
Tu	aurais parlé	aurais fini	serais parti(e)	te serais installé(e)
Il/Elle	aurait parlé	aurait fini	serait parti(e)	se serait installé(e)
Nous	aurions parlé	aurions fini	serions parti(e)s	nous serions installé(e)s
Vous	auriez parlé	auriez fini	seriez parti(e)(s)	vous seriez installé(e)(s)
Ils/Elles	auraient parlé	auraient fini	seraient parti(e)s	se seraient installé(e)s

Tip

대명동사의 조건법 과거의 부정문에서 ne는 대명사(me, te, se, nous, vous, se) 앞에, pas는 être 동사의 조건법 변화 뒤에 위치한다.

Je ne me serais pas installé(e).

Mise en pratique 2

다음 괄호 안의 동사를 조건법 과거의 긍정문과 부정문으로 써 보세요.

	<긍정문>	<부정문>
• (Savoir)	J' ____________	Je ____________
• (Faire)	Tu ____________	Tu ____________
• (Choisir)	Il ____________	Il ____________
• (Devoir)	Nous ____________	Nous ____________
• (Dire)	Vous ____________	Vous ____________
• (Se dépêcher)	Ils ____________	Ils ____________

Exemples

11-2

(1) **Le regret / le reproche** 후회 / 비난

Tu aurais dû m'écouter. (devoir)

너는 내 말을 들었어야 했어.

J'aurais fait n'importe quoi pour réussir. (faire)

나는 성공하기 위해 무엇이든 했어야 했어.

(2) **Une hypothèse sur le passé** 과거에 대한 가정

[Si + 대과거, 조건법 과거] ~했더라면, ~했었을 텐데

Si tu étais sorti plus tôt, tu n'aurais pas manqué ton métro. (manquer)

네가 더 일찍 나왔더라면, 지하철을 놓치지 않았을 거야.

Si j'avais su que la vie était si brève, je serais né(e) plus tôt. (naître)

인생이 이렇게 짧을 줄 알았다면, 나는 더 일찍 태어났을 텐데.

écouter
(v.) 듣다, (다른 사람의 말을) 들어주다

n'importe quoi
(pron.) 무엇이든, 아무것

réussir
(v.) 성공하다

manquer
(v.) (기차, 버스 등을) 놓치다

bref/brève
(adj.) 짧은, 간결한

naître
(v.) 태어나다

11-3

Que feriez-vous si vous étiez Président ou Présidente ?

Imgaginez, vous êtes élu président ou présidente de la République française. Quelles décisions prendriez-vous ? Quelles mesures mettriez-vous en place pour changer la France ?

Nous avons posé ces questions aux élèves de l'école primaire. Voici leurs propositions.

Inès: Si j'étais Présidente, je ferais construire des maisons pour les gens sans abri. Chaque nuit, des milliers de gens dorment dehors. Et chaque hiver, des gens meurent dans la rue.

Gabriel: Si j'étais Président, je renforcerais les sanctions contre la maltraitance des animaux domestiques. L'abandon est un acte cruel pour l'animal.

지문을 읽고 Inès와 Gabriel의 제안에서 조건법을 사용한 문장을 찾아 쓰고 한국어로 번역해 보세요.

(1) Phrase 1

- En français: ______________________
- En coréen: ______________________

(2) Phrase 2

- En français: ______________________
- En coréen: ______________________

décision (n.f) 결정
mesure (n.f) 조치, 대책
élève (n.) 학생
construire (v.) 건설하다, 건축하다
abri (n.m) 피난처, 보호처 (*sans-abri: 하이픈으로 연결하면 명사형으로 '노숙자')
chaque (adj.) 각각의, 매, ~마다
millier (n.m) (숫자) 천, 천가량
dehors (adv.) 바깥에, 외부에
renforcer (v.) 강화하다
sanction (n.f) 처벌, 제재
maltraitance (n.f) 학대, 구박
animaux domestiques (n m) 반려동물
abandon (n.m) 버리기, 유기, 포기
acte (n.m) 행위
cruel/cruelle (adj.) 잔인한

Révision du vocabulaire

프랑스어 단어와 한국어 뜻을 알맞게 연결해 보세요.

(1) manquer
(2) bref
(3) l'achat
(4) dépenser
(5) attractif
(6) expliquer
(7) n'importe quoi
(8) réussir

(a) 무엇이든, 아무것
(b) 매력적인, 끌어당기는
(c) 소비하다, 사용하다
(d) 짧은, 간결한
(e) (기차, 버스 등을) 놓치다
(f) 설명하다, 해설하다
(g) 성공하다
(h) 구매, 구입, 구매품

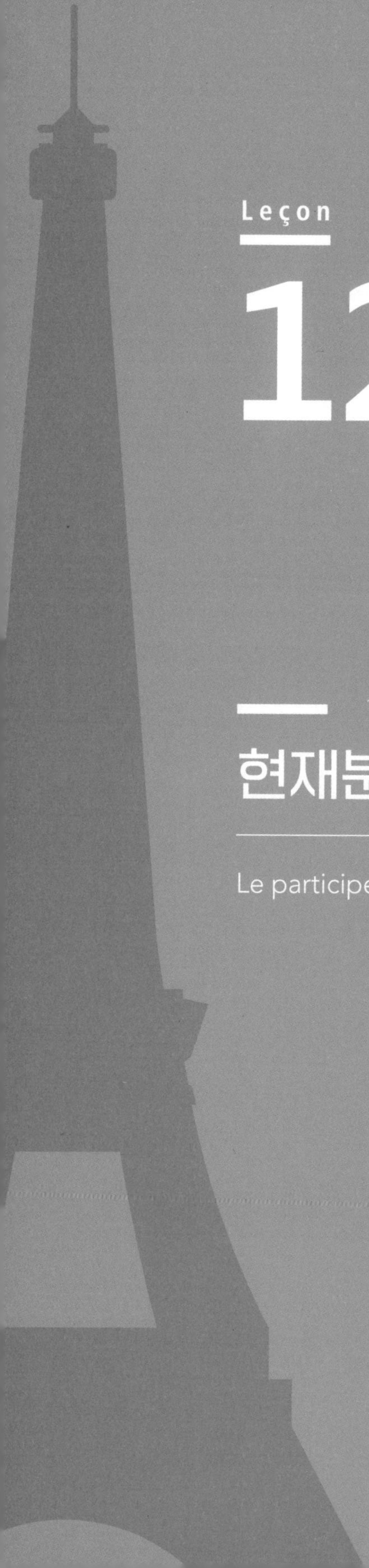

Leçon

12

현재분사

Le participe présent

현재분사의 사용

현재분사는 동사의 모드 중 하나로, 문장을 더 간편하게 하는 목적으로 공식적이거나 전문적인 문서, 신문 기사 등 문어체에서 자주 접할 수 있다. **~ant** 형태이며 인칭에 따른 변화가 없다.

현재분사의 형태

nous 인칭의 직설법 현재 동사 어간 + ant

Parler	▶	nous parlons	▶	parlant
동사원형		어간		현재분사

동사의 현재분사

동사원형	nous 인칭의 직설법현재 동사 변화	현재분사
Finir	nous finissons	finissant
Aller	nous allons	allant
Prendre	nous prenons	prenant
Avoir (불규칙)	-	ayant
Être (불규칙)	-	étant
Savoir (불규칙)	-	sachant

Mise en pratique 1

다음 동사의 현재분사를 써 보세요.

	<동사원형>	<nous 인칭의 직설법 현재 동사 변화>	<현재분사>
(1)	Appeler	nous ______	______
(2)	Manger	nous ______	______
(3)	Annoncer	nous ______	______
(4)	Dire	nous ______	______
(5)	Faire	nous ______	______
(6)	Venir	nous ______	______
(7)	Vouloir	nous ______	______
(8)	Voir	nous ______	______
(9)	Dormir	nous ______	______
(10)	Ouvrir	nous ______	______
(11)	Attendre	nous ______	______
(12)	Se sentir	nous ______	______

Exemples

12-1

(1) **문장의 시작 부분에서 원인을 표현한다. 이때, 원인의 표현 ≪ Comme ≫, ≪ Puisque ≫ 절의 주어를 생략하고 현재분사를 사용한다. 이때, 현재분사는 주어에 따라 성수일치 하지 않고 불변이다.**

Comme j'étais en retard, je n'ai pas vu le début du film. (être)

= Étant en retard, je n'ai pas vu le début du film.

저는 늦어서 영화의 시작 부분을 못 봤습니다.

Puisqu'il ne trouve pas d'emploi, il décide d'investir dans l'agriculture.

= Ne trouvant pas d'emploi, il décide d'investir dans l'agriculture. (trouver)

그는 직장을 구하지 못해서, 농업에 투자하기로 결정합니다.

(2) **주격관계사 ≪ qui ≫를 대체한다. 이때, ≪ qui ≫를 생략하고 현재분사를 사용한다.**

Nous ne voulons plus acheter des produits qui viennent de Chine. (venir)

= Nous ne voulons plus acheter des produits venant de Chine.

우리는 더 이상 중국산 제품을 사고 싶지 않습니다.

D'après une nouvelle étude, les personnes qui ont tendance à marcher plus lentement vieillissent plus vite que les autres. (avoir)

= D'après une nouvelle étude, les personnes ayant tendance à marcher plus lentement vieillissent plus vite que les autres.

새로운 연구에 따르면 느리게 걷는 경향이 있는 사람들은 다른 사람들보다 더 빨리 노화됩니다.

être en retard
(loc.) 늦다, 지각하다

début
(n.m) 시작, 시초

emploi
(n.m) 일자리, 직장, 고용

décider de + inf.
(loc.) ~하기로 결정하다

investir
(v.) 투자하다

agriculture
(n.f) 농업

produit
(n.m) 생산품, 제품

d'après
(prép.) ~에 의하면, ~에 따르면

étude
(n.f) 학습, 연구

avoir tendance à + inf.
(loc.) ~하는 경향이 있다

marcher
(v.) 걷다

lentement
(adv.) 느리게, 천천히

vite
(adv.) 빠르게, 빨리

vieillir
(v.) 늙다, 노화되다

autre
(pron.) (정관사와 함께) 다른 사람, 다른 것

Gérondif(제롱디프)의 사용

현재분사 앞에 전치사 en을 붙인 형태로 같은 주어가 두 가지 행위를 동시에 하는 것을 표현하기 위해 사용한다. 그 이외에도 원인, 조건, 방식 등을 표현한다. **en + 현재분사** 형태로 인칭에 따른 변화 없이 항상 불변이다. 타 문법 용어와 달리, ≪ gérondif ≫는 프랑스어를 그대로 사용한다.

Gérondif(제롱디프)의 형태

en + 현재분사

동사원형	현재분사	Gérondif
Parler	parlant	en parlant
Finir	finissant	en finissant
Aller	allant	en allant
Prendre	prenant	en prenant
Avoir (불규칙)	ayant	en ayant
Être (불규칙)	étant	en étant
Savoir (불규칙)	sachant	en sachant

Exemples

12-2

(1) **문장의 한 주체가 두 행위를 동시에 하는 것을 표현한다. 시간의 표현 ≪ quand 주어 + 동사 ≫, ≪ pendant que 주어 + 동사 ≫, ≪ en même temps ≫ 등을 대체할 수 있다.**

Je pleure pendant que j'épluche les oignons. (éplucher)

= Je pleure en épluchant les oignons.

저는 양파 껍질을 벗기며 눈물을 흘립니다.

(2) **이유를 표현한다. 이유를 표현하는 ≪ comme 주어 + 동사 ≫, ≪ parce que 주어 + 동사 ≫ 등을 대체할 수 있다.**

Ma fille s'est cassé deux doigts parce qu'elle est tombée dans l'escalier. (tomber)

= Ma fille s'est cassé deux doigts en tombant dans l'escalier.

제 딸이 계단에서 넘어져서 손가락 두 개가 부러졌습니다.

(3) **방식이나 방법을 표현한다. 의문사 ≪ Comment? ≫에 대한 대답을 표현할 수 있다.**

Comment gardez-vous la forme?

어떻게 건강을 유지하세요?

Je garde la forme en jouant au tennis deux fois par semaine. (jouer)

저는 주 2회 테니스를 치며 건강을 유지하고 있습니다.

(4) **조건을 표현한다. 조건의 표현 ≪ Si + 주어 + 동사 ≫를 대체할 수 있다.**

Si vous partez maintenant, vous arriverez à l'heure à votre rendez-vous. (partir)

= En partant maintenant, vous arriverez à l'heure à votre rendez-vous.

지금 출발하신다면, 약속에 정시 도착할 거예요.

éplucher
(v.) (채소, 과일 등의) 껍질을 벗기다, 까다

oignon
(n.m) 양파

se casser
(v.) 부러지다, 깨지다

doigt
(n.m) 손가락

tomber
(f.) 넘어지다, 떨어지다, 빠지다

escalier
(n.m) 계단

garder
(v.) 돌보다, 지키다, 유지하다

forme
(n.f) 형태, 모양, 건강, 컨디션

jouer à + 운동명사
(loc.) ~을 하다

Mise en pratique 2

다음 괄호 안의 동사를 gérondif로 써 보세요.

(1) Un homme s'est tué ______________ du 11e étage d'un immeuble. (tomber)

(2) Je me suis cassé le pouce ______________ du sport. (faire)

(3) Il m'a dit bonjour ______________. (sourire)

(4) Il ne faut pas lire ou envoyer de sms ______________. (conduire)

(5) Je me suis réveillé tout d'un coup ______________ des cris. (entendre)

(6) Pourquoi as-tu été un peu déçu ______________ ce film ? (voir)

(7) Mon fils s'est mis à pleurer ______________ à la maison. (rentrer)

(8) Il m'a rassurée ______________ que ce n'était pas grave. (me dire)

(9) ______________ le résultat de son examen, elle a passé son temps libre avec moi. (attendre)

(10) Il a perdu 3 kilos sans régime seulement ______________ de l'eau. (boire)

(11) ______________ la pollution atmosphérique, on pourrait augmenter l'espérance de vie. (diminuer)

(12) J'ai trouvé la solution ______________ sur Internet. (se renseigner)

se tuer (v.) 자살하다, 죽다
tomber (v.) 떨어지다, 넘어지다
étage (n.m) 층, 단계
immeuble (n.m) 건물, 빌딩
se casser (v.) 부러지다
pouce (n.m) 엄지손가락
sourire (v.) 미소 짓다 / (n.m) 미소
lire (v.) 읽다
envoyer (v.) 보내다, 전송하다
conduire (v.) 운전하다
résultat (n.m) 성적, 결과
temps libre (n.m) 여가시간, 자유시간
tout d'un coup (loc.) 갑자기, 벌떡
cri (n.m) 고함, 외침, 함성
déçu(e) (adj.) 실망한
rassurer (v.) 안심시키다
grave (adj.) 심각한, 중대한
régime (n.m) 다이어트, 제도, 법규
pollution atmosphérique (n.f) 대기오염
augmenter (v.) 증가시키다, 연장하다, 늘리다
espérance de vie (n.f) 평균수명
se renseigner (v.) 문의하다, 알아보다

Lecture et **compréhension**

12-3

La génération Boomerang

Après leurs études supérieures, certains jeunes adultes retournent vivre chez leurs parents. On les appelle génération boomerang. La génération boomerang, aussi appelée génération "kangourou", "hôtel Mama" prend de l'ampleur depuis plusieurs années. Dans de nombreux cas, la principale raison de cette génération est financière.

En Espagne, en 2017, le taux de personnes ayant moins de 25 ans et n'ayant pas réussi à trouver un emploi était proche de 40 %. À environ trente ans, beaucoup de jeunes gagnent moins de mille euros par mois en travaillant quarante heures par semaine.

지문을 읽고 현재분사와 제롱디프를 사용한 문장을 찾아 쓰고 한국어로 번역해 보세요.

(1) 현재분사

- En français: ______________________________

____

- En coréen: ______________________________

____

(2) 제롱디프

- En français: ______________________________

____

- En coréen: ______________________________

____

études supérieures
(n.f) 고등교육

certains + n.pl.
(adj.) (명사 앞에서) 몇몇, 어떤

appeler
(v.) ~라고 부르다, 명명하다

génération
(n.f) 세대

prendre de l'ampleur
(loc.) 발전하다, 규모가 커지다

cas
(n.m) 상황, 경우, 사례

principal(e)
(adj.) 주된, 주요한, 중심적인

raison
(n.f) 이유, 원인

financier/financière
(adj.) 금전상의, 재정의

taux
(n.m) 비율, 세액, 이자율

proche
(adj.) 근접한, 인접한

environ
(adv.) 약, 대략

gagner
(v.) 돈을 벌다, (경기, 내기 등에서) 승리하다, 이기다

Révision du vocabulaire

프랑스어 단어와 한국어 뜻을 알맞게 연결해 보세요.

(1) éplucher	(a) 지키다, 돌보다, 보존하다
(2) se renseigner	(b) 농업
(3) le régime	(c) 평균수명
(4) garder	(d) (채소, 과일 등의) 껍질을 벗기다, 까다
(5) vieillir	(e) 문의하다, (정보 등을) 알아보다
(6) l'espérance de vie	(f) 투자하다
(7) l'agriculture	(g) 자살하다
(8) se casser	(h) 다이어트
(9) se tuer	(i) 부러지다
(10) investir	(j) 늙다, 노화되다

Leçon

13

직접 화법과 간접 화법

Le discours direct et indrect

직접 화법의 사용

인용부호를 사용하여 누군가에게 말이나 글을 직접 전달하기 위해 사용한다. 전달하는 문장을 콜론(deux points) 다음에 인용부호의 문장을 삽입하거나, 인용부호의 문장을 먼저 사용하고 전달자인 주어와 동사를 도치하여 사용할 수 있다.

간접 화법의 사용

누군가가 한 말을 또 다른 사람에게 전달하기 위해 사용한다. 주로 dire(말하다), préciser(말하다, 밝히다), déclarer(말하다, 표명하다), annoncer(알리다), expliquer(설명하다), demander(요청, 요구하다) 등과 같은 동사와 자주 사용한다.

Il me dit: "Tu as raison."
"Tu as raison." me dit-il.] 직접 화법
Il me dit que j'ai rasion. – 간접 화법

간접 화법에서 문장 구조의 변화

직접 화법에서 간접 화법으로 옮길 때, 접속사나 전치사가 추가 또는 변화된다.

직접 화법	간접 화법
평서문	que
단순 의문문 (의문사가 없는 의문문)	si
의문사 qui, ou, quand, pourquoi, etc.	qui, où, quand, pourquoi, etc.
의문사 que = qu'est-ce que = quoi	ce que
의문사 qu'est-ce qui	ce qui
명령문	de + 동사원형

모음 축약

1 접속사 que + 인칭대명사 il(s)/elle(s)/on → 축약 ○

Il me dit qu'il est fatigué.
Elle me dit qu'elle est fatiguée.

2 접속사 si + 인칭대명사 il/ils → 축약 ○
접속사 si + 인칭대명사 elle/elles/on → 축약 ×

Je lui demande s'il est d'accord.
Je lui demande si elle est d'accord.

Exemples

13-1

(1) **평서문**

직접 화법 Ma mère me dit: “Tout ira bien.” (aller)

간접 화법 Ma mère me dit que tout ira bien.

어머니는 저에게 다 잘 될 거라고 말씀해주세요.

(2) **단순 의문문(의문사가 없는 의문문)**

직접 화법 Je te demande: “Est-ce que tu peux m’aider?” (pouvoir)

간접 화법 Je te demande si tu peux m’aider.

나를 도와줄 수 있는지 너에게 묻는 거야.

(3) **의문사 ≪ Qui ≫, ≪ Où ≫, ≪ Quand ≫, ≪ Pourquoi ≫, etc.**

직접 화법 Elle me demande, l’air fâchée: “Pourquoi viens-tu si tard?”

간접 화법 Elle me demande, l’air fâchée pourquoi je viens si tard.

그녀는 저에게 왜 이렇게 늦게 오는지 화가 난 표정으로 묻습니다.

(4) **의문사 ≪ Que ≫**

직접 화법 Mon élève me demande: “Que veut dire ‘bosser’?” (vouloir)

간접 화법 Mon élève me demande ce que veut dire ‘bosser’.

저의 학생이 ‘bosser’가 무슨 뜻인지 물어봅니다.

* ‘Bosser’는 ‘travailler’ 동사의 동의어로 매우 구어체의 표현이다. (Je bosse = Je travaille)

(5) **의문사 ≪ Qu’est-ce qui ≫**

직접 화법 On me demande: “Qu’est-ce qui se passe sur place?” (se passer)

간접 화법 On me demande ce qui se passe sur place.

사람들이 저에게 이곳에서 무슨 일이 일어나고 있는지 묻습니다.

(6) **명령문**

직접 화법 Mon père m’a pris dans ses bras et il m’a dit: “Ne pleure pas.”

간접 화법 Mon père m’a pris dans ses bras et il m’a dit de ne pas pleurer.

아버지는 저를 안고 울지 말라고 말씀하셨습니다.

Tip

전치사 de 이하에서 부정의 표현 ne pas는 동사원형 앞에 붙여 사용한다. ne jamais, ne plus 등 다른 부정의 표현도 동일한 어순이다.

air
(n.m) 공기, 대기, 분위기

fâché(e)
(adj.) 화가 난

si
(adv.) 참, 매우, 그토록

élève
(n.) 학생

bosser
(v.) travailler의 구어체

qu’est-ce qui + v.
(interr.) 무엇이 (사물 주어를 묻는 의문사)

se passer
(v.) (일, 사건 등이) 일어나다, 발생하다

prendre dans ses(les) bras
(loc.) 품에 안다, 안다

pleurer
(v.) 울다

Mise en pratique 1

직접 화법을 간접 화법으로 변화시켜 써 보세요.

(1) "J'ai une nouvelle à t'annoncer", me déclare Matthieu.

→ Matthieu me déclare ______________________________

(2) Il me demande: "Est-ce que tu peux me comprendre ?"

→ Il me demande ______________________________

(3) "Tu fais quoi dans la vie ?" me demande un vieux monsieur.

→ Un vieux monsieur me demande ______________________________

(4) Elle me demande: "Qu'est-ce qui te plaît le plus parmi ces propositions."

→ Elle me demande ______________________________

(5) Mon papa m'a dit: "Ne t'inquiète pas."

→ Mon papa m'a dit ______________________________

(6) "Va te coucher" a crié ma maman, qui avait l'air fâchée.

→ Ma maman a crié, qui avait l'air fâchée, ______________________________

nouvelle
(n.f) 소식, 정보

annoncer
(v.) 알리다, 발표하다

comprendre
(v.) 이해하다

plaire
(v.) 마음에 들다

parmi
(prep.) (셋 이상일 때) ~중에서, ~가운데

proposition
(n.f) 제안, 제의

s'inquiéter
(v.) 걱정하다, 불안해하다

crier
(v.) 고함치다, 큰 소리로 말하다

avoir l'air + adj.
(loc.) ~해 보이다, ~처럼 보이다

fâché(e)
(adj.) 화가 난

과거 속 직접 화법과 간접 화법 Le discours direct et indrect dans le passé

과거에서 말한 직접 화법을 간접 화법으로 옮길 때 시제의 변화가 일어난다.

과거 속 간접 화법의 시제 변화

직접 화법	간접 화법
현재	반과거
반과거	반과거
복합 과거	대과거
근접 미래	aller 동사의 반과거 + 동사원형
단순 미래	조건법 현재

과거 속 간접 화법의 시간 표현 변화

직접 화법		간접 화법	
aujourd'hui	오늘	ce jour-là	그날
hier	어제	la veille	전날
demain	내일	le lendemain	다음날, 이튿날
prochain(e)	다음	suivant(e)	다음

Exemples

13-2

(1) **현재 → 반과거**

직접 화법 J'ai dit à mes parents: "Je vais bien." (aller)

간접 화법 J'ai dit à mes parents que j'allais bien.

저는 부모님에게 잘 지낸다고 말했습니다.

(2) **반과거 → 반과거**

직접 화법 Ella a dit: "Je n'étais pas là." (être)

간접 화법 Elle a dit qu'elle n'était pas là.

그녀는 그곳에 없었다고 말했습니다.

(3) **복합 과거 → 대과거**

직접 화법 Il m'a dit: "J'ai appris beaucoup de choses grâce à toi." (apprendre)

간접 화법 Il m'a dit qu'il avait appris beaucoup de choses grâce à moi.

그는 제 덕분에 많은 것을 배웠다고 말했습니다.

(4) **근접 미래 → aller 동사의 반과거 + 동사원형**

직접 화법 Maman a dit: "Nous allons pique-niquer au bois de Vincennes." (pique-niquer)

간접 화법 Maman a dit que nous allions pique-niquer au bois de Vincennes.

엄마는 우리가 뱅센느 숲으로 소풍 갈 거라고 말씀하셨습니다.

(5) **단순 미래 → 조건법 현재**

직접 화법 Il m'a dit: "J'irai te voir demain." (aller)

간접 화법 Il m'a dit qu'il irait me voir le lendemain.

그는 다음날 저를 보러올 거라고 말했습니다.

apprendre (v.) 배우다

grâce à + n. (loc.) ~덕분에

pique-niquer (v.) 소풍 가다, 피크닉 가다

bois (n.m) 나무, 숲

Mise en pratique 2

직접 화법을 간접 화법으로 변화시켜 보세요.

(1) Il m'a demandé: "Tu peux venir ?"

→ Il m'a demandé ______________________

(2) Elle a assuré: "Je n'ai jamais menti."

→ Elle a assuré ______________________

(3) Son copain lui a demandé: "Qu'est-ce qui s'est passé ?" et elle a tout raconté.

→ Son copain lui a demandé ______________________
et elle a tout raconté.

(4) J'ai demandé à mon enfant: "Que veux-tu devenir"

→ J'ai demandé à mon enfant ______________________

(5) Elle a annoncé: "Ma grand-mère est morte de maladie hier."

→ Elle a annoncé ______________________

(6) L'agence a annoncé: "BTS organisera un concert en ligne et hors ligne avec un nombre limité de places."

→ L'agence a annoncé ______________________

jamais
(adv.) (부정의 의미) 결코, 절대

menti
(p.p) (mentir의 과거분사) 거짓말하다

mourir de + n.
(loc.) ~로 사망하다, 죽다

maladie
(n.f) 병, 질환

agence
(n.f) 대리점, 지점, 에이전시

organiser
(v.) (행사 등을) 기획하다, 편성하다

en ligne
(loc.) 온라인

hors ligne
(loc.) 오프라인

nombre
(n.m) 수, 수량

limité(e)
(adj.) 제한된, 한정된

place
(n.f) 자리, 좌석

13-3

Citations de célébrités

Citation de John F. Kennedy

Ne demande pas ce que ton pays peut faire pour toi, demande ce que tu peux faire pour ton pays.

Citation de John Lennon

Quand j'avais 5 ans, ma mère m'a toujours dit que le bonheur était la clé de la vie. Quand je suis allé à l'école, ils m'ont demandé ce que je voulais être quand je serais grande. J'ai écrit «heureux». Ils m'ont dit que je ne comprenais pas la mission et je leur ai dit qu'ils ne comprenaient pas la vie.

지문을 읽고 전체 내용을 한국어로 번역해 보세요.

Citation de John F. Kennedy

Citation de John Lennon

citation
(n.f) 인용, 인용문

célébrité
(n.f) 유명인, 명성

bonheur
(n.m) 행복

clé
(n.f) 열쇠, 관문

Révision du vocabulaire

프랑스어 단어와 한국어 뜻을 알맞게 연결해 보세요.

(1) bosser	(a) ~덕분에
(2) organiser	(b) 오프라인
(3) mentir	(c) 온라인
(4) la maladie	(d) 거짓말하다
(5) en ligne	(e) 병, 질병
(6) hors ligne	(f) 걱정하다, 불안해하다
(7) grâce à	(g) 일하다
(8) s'inquiéter	(h) (행사 등을) 기획하다, 편성하다
(9) la nouvelle	(i) 고함치다, 큰 소리로 말하다
(10) crier	(j) 소식, 정보

Leçon

14

집합 명사

Le nom collectif

집합 명사의 사용

사람, 사물 등의 집합(ensemble)을 나타내는 보통 명사를 말한다. 단독으로 사용하거나 보어와 함께 사용한다. 사용법이 복잡하지는 않지만, 집합 명사 주어에 맞게 동사 변화를 단수형과 복수형으로 변화하는 규칙에 주의해야 한다.

유용한 집합 명사

1 **La plupart** (대부분, 대다수)

(1) 보어를 동반하는 경우

보어에 따라 동사 변화를 일치시킨다. 이 경우에 보어는 관사, 소유형용사 등과 같이 사용한다.

La plupart de mon temps est consacré à la lecture. (être)
단수형의 보어 동사의 단수형
저의 대부분의 시간은 독서에 할애됩니다(저는 대부분의 시간을 독서에 할애합니다).

La plupart des Coréens sont gentils et prêts à vous aider, si vous êtes perdus. (être)
복수형의 보어 동사의 복수형
대부분의 한국인들은 친절하고 여러분이 길을 잃었을 때 도와줄 준비가 되어있습니다.

(2) 단독으로 사용하는 경우

la plupart를 복수형으로 취급하므로 동사가 3인칭 복수형으로 변화한다.

La plupart écrivent de la main droite. (écrire)
복수형 취급 동사의 복수형
대다수는 오른손으로 씁니다.

La plupart sont invités à l'avant-première du film. (être)
복수형 취급 동사의 복수형 (이때, 과거분사는 남성형 복수로 일치)
대다수가 영화 시사회에 초대받았습니다.

consacré à + n.
(loc.) ~에 바쳐진, 할당된, 할애된

lecture
(n.f) 독서

prêt(e) à + inf.
(loc.) ~할 준비가 된

perdu(e)
(adj.) 길을 잃은

main
(n.f) (신체) 손

droit(e)
(adj.) 오른, 오른쪽의

avant-première
(n.f) 시사회

2 La moité (반, 절반)

보통, 보어를 동반하며 동사는 단수형 또는 복수형이 될 수 있다. 정확한 절반의 비율을 지정하는 경우에는 동사를 단수형으로 사용하지만, 의미가 애매한 경우에는 동사를 복수형으로 사용한다. 따라서, 투표의 득표율이 과반이라는 등의 명확한 수치가 있지 않은 이상 동사를 복수형으로 사용한다.

La moitié de mes amis vivent chez leurs parents. (vivre)

복수형 취급 동사의 복수형

제 친구들의 절반은 부모님 집에서 살고 있습니다.
(내 친구의 '절반'이 명확하게 반으로 나뉘는지 구분하기 어렵기 때문에 동사를 복수형으로 사용)

La moitié des salariés se disent épuisés par la pandémie. (se dire)

복수형 취급 동사의 복수형

직장인의 절반은 팬데믹으로 지쳤다고 말합니다.

3 Plus d'un / Plus d'une~ (~하나 이상, ~한 명 이상)

plus d'un + 남성 단수형 명사, plus d'une + 여성 단수형 명사를 동반한다. 이때, 단수형 동사를 사용하며 형용사나 과거분사는 plus de 이하의 보어 명사에 따라 성수 일치 한다.

Selon les résultats d'une étude, plus d'un Français sur dix est tatoué. (être)

단수형 취급 동사의 단수형

한 조사 결과에 따르면, 프랑스인 10명 중 1명 이상은 문신을 했습니다.

Plus d'un Français sur trois se dit bilingue. (se dire)

단수형 취급 동사의 단수형

프랑스인 3명 중 1명은 이중 언어를 구사한다고 말합니다.

Tip

plus de에서 plus는 [ply]로 발음한다.

épuisé(e)
(adj.) 지친, 기진맥진한, 몹시 피로한

tatoué(e)
(adj.) 문신을 한

se dire
(v.) 자기가 ~하다고 말하다, 자칭 ~이다

bilingue
(n.) 2개 국어를 사용하는 사람

4 Une dizaine / Une centaine / Un millier ((수)십, 십가량 / 백, 백가량/ 천, 천가량)

보통, 복수형 보어와 동반하며 동사가 복수형으로 변화한다. 또한 과거분사는 보어에 따라 성수일치 한다.

(1) Une dizaine d'enfants ont assisté au spectacle de Noël. (assister)
복수형의 보어 / 동사의 복수형
십여 명의 아이들이 크리스마스 공연에 참석했습니다.

(2) Une centaine de personnes se rassemblent devant l'Hôtel de Ville
복수형의 보어 / 동사의 복수형
de Paris pour manifester contre le racisme. (se rassembler)
백여 명의 사람들이 인종차별에 반대하는 시위에 참가하기 위해 파리 시청 앞에 모입니다.

(3) Un millier de boutiques de mode devraient disparaître en un an,
복수형의 보어 / 동사의 복수형
selon le rapport. (devoir)
보고서에 따르면 1년 내에 천여 개의 패션 매장이 사라질 것입니다.

(4) Un millier de personnes se sont rassemblées à Paris et dans
여성 복수형의 보어 / 보어에 성수일치 하는 과거분사
plusieurs autres villes françaises
천여 명의 사람들이 파리와 다른 여러 프랑스 도시에서 모였습니다.

assister
(v.) 참석하다, 출석하다

spectacle
(n.m) 공연

se rassembler
(v.) 모이다, 집결하다

Hôtel de Ville
(n.m) 시청

manifester
(v.) 시위에 참가하다, 시위하다

racisme
(n.m) 인종주의, 인종차별

mode
(n.f) 유행, 패션

disparaître
(v.) 사라지다, 없어지다

en
(prép.) (소요시간) ~에 걸려서, ~내에

rapport
(n.m) 보고, 보고서

soutenir
(v.) 지지하다, 지원하다

Mise en pratique

다음 괄호 안의 동사를 시제에 맞게 변화시켜 써 보세요.

(1) La plupart des Français ____________ le café au thé. (préférer / 현재)

(2) La plupart ____________ que le bonheur est dans la richesse. (croire / 현재)

(3) La moitié des Parisiens ____________ habiter ailleurs. (souhaiter / 현재)

(4) Plus d'un jeune sur six ____________ de travailler depuis la pandémie de Covid-19. (cesser / 복합 과거)

(5) Plus d'une femme sur quatre dans le monde ____________ déjà ____________ victime de violence conjugale. (être / 복합 과거)

(6) Une centaine d'oiseaux ____________ d'un coup du ciel. (tomber / 현재)

(7) Depuis le 5 décembre, une centaine d'enseignants de l'Université de Lille ____________ en grève. (être / 현재)

(8) Une dizaine de musiciens ____________ des médailles de la confédération musicale de France. (recevoir / 복합 과거)

(9) Plus d'un adulte sur six ____________ obèse en France, d'après une étude. (être / 현재)

(10) Un milier de personnes ____________ présentes pour rendre hommage aux victimes de la guerre en Ukraine. (être / 반과거)

préférer A à B
(loc.) B보다 A를 선호하다

bonheur
(n.m) 행복

richesse
(n.f) 부, 부유함, 풍요

ailleurs
(adv.) 다른 곳에서 / (n.m) 다른

cesser de + inf.
(loc.) ~하기를 중단하다, 그만두다

victime
(n.f) 피해자, 희생자

violence conjugale
(n.f) 가정 폭력

oiseau
(n.m) 새, 조류

d'un coup
(loc.) 한번에, 단숨에

enseignant(e)
(n.) 교사, 교육자

grève
(n.f) 파업

médaille
(n.f) 메달

confédération
(n.f) 연맹, 연합

d'après
(loc.) ~에 따르면, ~에 의하면

obèse
(adj.) 비만한, 과체중의

présent(e)
(adj.) 참석한, 출석한

rendre hommage à +n.
(loc.) 기리다, 경의를 표하다

Lecture et **compréhension**

14-1

Pauvreté en France

86 % des Français considèrent qu'avoir des difficultés à manger une alimentation saine est un signe de pauvreté. Or, plus d'un Français sur quatre n'a pas assez d'argent pour manger des fruits et légumes frais.

La plupart des sondés estiment que l'alimentation est un poste de dépense problématique dans leur budget. Dans le détail, 27 % d'entre eux disent rencontrer «un peu» ou «beaucoup» de difficultés pour manger des fruits et légumes frais tous les jours.

지문을 읽고 집합명사를 사용한 문장을 찾아 쓰고 한국어로 번역해 보세요.

(1) Phrase 1

- En français: ______
- En coréen: ______

(2) Phrase 2

- En français: ______
- En coréen: ______

pauvreté (n.f) 가난, 빈곤

considérer (v.) 간주하다, 여기다, 생각하다

avoir une difficulté à + inf. (loc.) ~하는 데 어려움이 있다

alimentation (n.f) 음식, 식료품

sain(e) (adj.) 건강한

signe (n.m) 징조, 징후, 표시

or (conj.) 그런데, 그런데도

frais/fraîche (adj.) 쌀쌀한, 싱싱한, 신선한

sondé (n.) 응답자, 여론조사 대상자

estimer (v.) 평가하다, 생각하다

interroger (v.) 질문하다

poste (n.m) 항목

dépense (n.f) 지출, 비용, 소비

problématique (adj.) 문제적, 문제를 제기하는 / (n.f) 문제제기, 이슈

budget (n.m) 예산

détail (n.m) 상세, 세부

Révision du vocabulaire

프랑스어 단어와 한국어 뜻을 알맞게 연결해 보세요.

(1) la plupart	(a) 천, 천가량
(2) la moitié	(b) 백, 백가량
(3) une dizaine	(c) 반, 절반
(4) une centaine	(d) 대부분, 대다수
(5) un millier	(e) 십, 십가량
(6) disparaître	(f) 모이다, 집결하다
(7) le bonheur	(g) 교육자
(8) la grève	(h) 참석하다, 출석하다
(9) se rassembler	(i) 파업
(10) manifester	(j) 사라지다, 없어지다
(11) consacré	(k) ~에 바쳐진, 할당된, 할애된
(12) l'enseignant	(l) 행복
(13) assister	(m) 시위에 참가하다, 시위하다

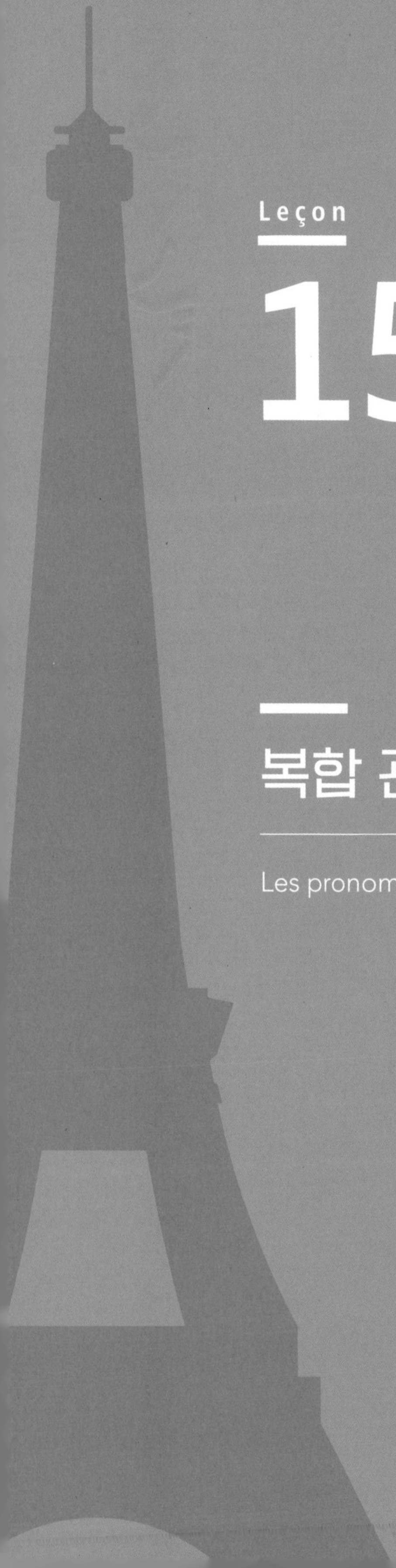

Leçon

15

복합 관계대명사

Les pronoms relatifs composés

복합 관계대명사의 사용

단어의 반복 사용을 피하면서 두 개의 문장을 연결하는 대명사를 관계대명사라 한다. 이때, 전치사(à, dans, sur, avec, pour, à côté de, etc.) 뒤에 관계대명사 ≪ lequel / lesquels / laquelle / lesquelles ≫를 선행사(명사)에 맞추어 성수일치 시켜 복합 관계대명사로 활용할 수 있다.

복합 관계대명사의 형태

선행사(명사)에 따라 성수일치 하여 4가지의 형태로 구분한다. 또, 전치사 à / de와 결합하면서 형태의 변화가 일어난다.

구분	남성 단수형	남성 복수형	여성 단수형	여성 복수형
전치사 없이	lequel	lesquels	laquelle	lesquelles
à와 함께	auquel	auxquels	à laquelle	auxquelles
de와 함께	duquel	desquels	de laquelle	desquelles
sur와 함께	sur lequel	sur lesquels	sur laquelle	sur lesquelles
avec와 함께	avec lequel	avec lesquels	avec laquelle	avec lesquelles

Exemples

15-1

(1) J'ai perdu la boîte. Je range mes affaires dans la boîte.
①　②

→ J'ai perdu la boîte dans laquelle je range mes affaires.
저는 물건들을 정리해두는 상자를 잃어버렸습니다.

Tip

① 선행사 ② 전치사 dans 이하에서 선행사와 동일한 la boîte 반복. 따라서, 두 번째 문장의 la boîte를 생략하고 여성형 단수형의 복합 관계대명사인 laquelle과 전치사를 결합한 dans laquelle을 사용한다.

(2) Un arbre ne peut jamais quitter le sol. Il est planté sur le sol.
①　②

→ Un arbre ne peut jamais quitter le sol sur lequel il est planté. - Barack Obama
나무는 심어진 땅을 절대 떠날 수 없다. - 버락 오바마

Tip

① 선행사 ② 전치사 sur 이하에서 선행사와 동일한 le sol 반복

(3) Maintenant, j'aimerais vous présenter l'homme. Je partage ma vie
①
avec l'homme depuis 20 ans: mon mari, Guillaume.
②

→ Maintenant, j'aimerais vous présenter l'homme avec lequel je partage ma vie depuis 10 ans: mon mari, Guillaume.
이제, 십 년 전부터 저의 인생을 함께 해 온 남자를 소개하고 싶습니다, 저의 남편 기욤입니다.

Tip

① 선행사 ② 전치사 avec 이하에서 선행사와 동일한 l'homme 반복

(4) Quelle est la première chose à laquelle vous pensez lorsque vous
①　②
entendez le mot « Paris » ?
여러분이 ≪ 파리 ≫라는 단어를 들을 때 첫 번째로 떠오르는 것은 무엇인가요?

Tip

① 선행사 ② ≪ penser à + 명사 ≫ 구문에서 전치사 à 이하 단어가 선행사와 동일

boîte
(n.f) 상자

ranger
(v.) 정렬하다, 정리하다

affaire
(n.f) 일, 용건, 물건

quitter
(v.) 떠나다, 나가다

planter
(v.) (꽃, 식물 등을) 심다

présenter
(v.) 소개하다, 선보이다

partager
(v.) 공유하다, 함께하다

penser à + n.
(loc.) ~을 생각하다, 연상하다

관계대명사 ≪ DONT ≫ 와 복합 관계사의 차이

1 ≪ **DONT** ≫ 은 전치사 '**de** + 명사/동사'를 대체하기 위해 사용한다.

Le pays dont je suis parti. ('partir de + 장소'를 대체하여 사용)
(= Je suis parti du pays)
내가 떠나온 국가

Le film dont je t'ai parlé. ('parler de + 명사'를 대체하여 사용)
(= Je t'ai parlé du film)
내가 너에게 말했던 영화

2 복합 관계사인 ≪ **duquel / de laquelle / desquels / desquelles** ≫은 다음과 같은 전치사 구문과 같이 자주 사용한다.

loin de, près de, à partir de, à cause de, à propos de, au début de, à la fin de, etc.

Le sujet à propos duquel nous nous disputons souvent.
(= Nous nous disputons souvent à propos du sujet)
우리가 자주 논쟁하는 주제

Le film à la fin duquel tout le monde pleure.
(= Tout le monde pleure à la fin du film)
모두가 마지막에 우는 영화

3 선행사가 사람일 경우, 복합 관계사가 아닌 다른 형태의 관계사로 대체할 수 있다.

C'est une personne à laquelle je téléphone tous les jours.
(une personne ①, je téléphone ②)

→ C'est une personne à qui je téléphone tous les jours.
이분은 제가 매일 전화하는 사람입니다.

Tip

① 선행사 ② ≪téléphoner à + 사람≫ 구문에서 전치사 à 이하의 단어가 선행사와 동일
이때, 선행사가 여성 단수형이므로 복합 관계사 à laquelle을 사용하거나, 선행사가 사람이므로 à qui로 대체가 가능하다. 구어체에서는 후자를 더 자주 사용한다.

pays
(n.m) 국가, 나라

machine à café
(n.f) 커피머신

discuter
(v.) 의견을 나누다, 이야기하다

sujet
(n.m) 주제, 문제, (언어에서) 주어

à propos de + n.
(loc.) ~에 대하여, ~에 관하여

disputer
(v.) 다투다, 논쟁하다

Mise en pratique

다음 빈칸에 들어갈 적절한 복합 관계사를 넣어 문장을 완성해 보세요.

Tip

앞 문장의 선행사(명사)가 뒷 문장의 동사 또는 표현에 어떤 전치사로 연결될 수 있는지 생각하면 더욱 쉽게 접근할 수 있다.

(1) Le canapé sur ________ tu es assis est en cuir recyclé.

(2) Les cours aux ________ j'ai assisté m'ont beaucoup motivé.

(3) C'est la raison pour ________ j'ai choisi ce métier.

(4) Elle regarde le tapis sur ________ son chat aimait s'allonger.

(5) 10 bonnes raisons pour ________ vous devriez apprendre le français.

(6) Les entreprises avec ________ nous travaillons se transforment.

(7) Je ne trouve plus le bout de papier sur ________ j'ai écrit son adresse e-mail.

(8) Il y a tellement de choses aux ________ il faut faire attention quand on est enceinte.

(9) La piscine dans ________ nous nageons est beaucoup plus profonde.

(10) Afin de comprendre le monde dans ________ on vit, il est nécessaire de connaître notre histoire.

assis(e)
(adj.) 앉아 있는

canapé
(n.m) (등받이가 있는) 긴 의자

cuir
(n.m) 가죽

recycler
(v.) 재활용하다

assister à + n.
(loc.) ~에 참석, 참여하다

motiver
(v.) 동기를 부여하다

la raison pour~
(loc.) ~하는 이유

tapis
(n.m) 카펫

s'allonger
(v.) (몸을 길게 뻗어) 눕다, 늘어지다

entreprise
(n.f) 기업, 회사

se transformer
(v.) 변화하다

tellement de + n.
(adv.) 많은

bout de papier
(n.m) 종이쪽지

enceinte
(adj.) 임신한

faire attention à + n. / inf.
(loc.) ~에 주의하다, 조심하다

nager
(v.) 수영하다

profond(e)
(adj.) 깊은, 깊숙한

afin de + inf.
(loc.) ~하기 위해 (= pour + inf.)

15-2

Squid game

La série sud-coréenne, Squid Game, sortie sur Netflix depuis le 17 septembre 2021, connaît un grand succès mondial.

Cette serie débute avec une séquence dans laquelle de jeunes enfants jouent à une activité intitulée le Jeu du calamar. 456 personnes, qui ont toutes des difficultés financières risquent leur vie pour gagner le prix de 45,6 milliards de wons.

Hwang Dong-hyuk, créateur et réalisateur de la série, s'est exprimé: J'ai eu le sentiment que ce jeu pouvait être le jeu d'enfant le plus symbolique qui représente le type de société dans laquelle nous vivons aujourd'hui.

지문을 읽고 복합 관계대명사를 사용한 문장을 찾아 쓰고 한국어로 번역해 보세요.

(1) Phrase 1

- En français: ______________________
- En coréen: ______________________

(2) Phrase 2

- En français: ______________________
- En coréen: ______________________

série (n.f) 시리즈, 드라마

succès (n.m) 성공

débuter (v.) 시작하다

séquence (n.f) 장면, 시퀀스

intitulé(e) (adj.) 제목이 붙은

calamar (n.) 오징어

difficulté (n.f) 어려움

financier/financière (adj.) 재정의, 금전적인

risquer (v.) 위험하게 하다, (목숨 등을) 걸다

gagner (v.) 얻다, (돈 등을) 벌다, 당첨되다

réalisateur (n.m) 연출가, 영화 감독

s'exprimer (v.) 자신의 생각을 표현하다

avoir le sentiment que + ind. (loc.) ~라는 감정이 들다, 기분이 들다

symbolique (adj.) 상징의, 상징적인

représenter (v.) 나타내다, 표시하다

Révision du vocabulaire

프랑스어 단어와 한국어 뜻을 알맞게 연결해 보세요.

(1) recycler	(a) 의견을 나누다, 이야기하다
(2) quitter	(b) 변화하다
(3) discuter	(c) 재활용하다
(4) planter	(d) (몸을 길게 뻗어) 눕다, 늘어지다
(5) motiver	(e) 앉아있는
(6) s'allonger	(f) 떠나다, 나가다
(7) se transformer	(g) (꽃, 식물 등을) 심다
(8) assis	(h) 임신한
(9) enceinte	(i) 동기를 부여하다
(10) partager	(j) 공유하다, 함께하다
(11) afin de	(k) 다투다, 논쟁하다
(12) disputer	(l) ~하기 위해

Leçon

16

직설법과 접속법

L'indicatif et le subjontif

Grammaire

접속법의 사용

주절의 주어와 종속절의 주어가 다른 경우에 접속사 que로 문장을 연결할 수 있다. 이 때, 바람, 감정, 의심, 의무, 불확실성 등을 표현하기 위해 que 이하의 문장에서 사용하는 동사의 형태를 접속법이라 한다. 직설법 동사 변화와 의미 차이는 없지만, 접속법을 사용할 수 있는 표현은 한정적이다. 따라서 사용해야 하는 구문을 익혀야 하는 어려움이 있지만, 접속법은 프랑스어 문법에서 매우 중요한 위치를 차지한다. 주로 현재와 복합 과거로 사용하며, 접속법의 반과거와 대과거는 구어에서 매우 드물게 사용한다.

아래 예시를 통해, 접속법을 사용할 수 있는 경우와 그렇지 않는 경우를 구분할 수 있다.

Elle veut partir toute seule. 그녀는 혼자서 떠나기를 바란다.
→ 주절의 주어인 'Elle'이 partir 동사의 주체와 동일하기 때문에 접속사 que로 연결할 수 없다.

Elle veut qu'on parte ensemble. 그녀는 우리가 같이 떠나기를 바란다.
→ 주절의 주어인 'Elle'이 partir 동사의 주체와 다르고, 바람(Un désir)을 표현하기 때문에 que에 연결된 문장을 접속법으로 사용한다.

직설법과 접속법의 차이

프랑스어 동사의 형태는 일반적으로 직설법, 조건법, 접속법으로 구분한다. 이 형태들은 동사의 변형이 달라지는 것을 말하며, 이 세 가지의 동사형들은 해석에서 차이를 보이지는 않는다. 직설법은 객관적 사실, 발언, 긍정적 견해 등의 표현과 같이 사용한다. 반면, 접속법은 개인적인 감정, 바람, 의무, 부정적 견해 등의 표현과 같이 사용한다.

접속법 현재의 형태

3인칭 복수 인칭의 직설법 현재 동사 변화 어간 + e, es, e, ions, iez, ent

〈동사원형〉	〈3인칭 복수 인칭의 직설법 현재 동사 변화〉	〈접속법 현재〉	
Parler	Ils parlent 접속법 현재의 어간	que je parle	접속법 현재 어미
		que tu parles	
		qu'il/elle parle	
		que nous parlions	
		que vous parliez	
		qu'ils/elles parlent	

접속법 현재의 변화

구분	Parler	Finir	Partir	Ouvrir
que je	parle	finisse	parte	ouvre
que tu	parles	finisses	partes	ouvres
qu'il/elle	parle	finisse	parte	ouvre
que nous	parlions	finissions	partions	ouvrions
que vous	parliez	finissiez	partiez	ouvriez
qu'ils/elles	parlent	finissent	partent	ouvrent

불규칙 동사

구분	Être	Avoir	Aller	Faire	Prendre
que je(j')	sois	aie	aille	fasse	prenne
que tu	sois	aies	ailles	fasses	prennes
qu'il/elle/on	soit	ait	aille	fasse	prenne
que nous	soyons	ayons	allions	fassions	prenions
que vous	soyez	ayez	alliez	fassiez	preniez
qu'ils/elles	soient	aient	aillent	fassent	prennent
구분	Venir	Pouvoir	Vouloir	Devoir	Savoir
que je	vienne	puisse	veuille	doive	sache
que tu	viennes	puisses	veuilles	doives	saches
qu'il/elle/on	vienne	puisse	veuille	doive	sache
que nous	venions	puissions	voulions	devions	sachions
que vous	veniez	puissiez	vouliez	deviez	sachiez
qu'ils/elles	viennent	puissent	veuillent	doivent	sachent

Mise en pratique 1

다음 동사의 접속법 현재 변화를 써 보세요.

(1) Rester

3인칭 복수 인칭의 직설법 현재 동사 변화 → ils ______

접속법 현재

- Il faut que je ______
- Il faut que tu ______
- Il faut qu'il/elle ______
- Il faut que nous ______
- Il faut que vous ______
- Il faut qu'ils/elles ______

(2) Attendre

3인칭 복수 인칭의 직설법 현재 동사 변화 → ils ______

접속법 현재

- Il faut que j' ______
- Il faut que tu ______
- Il faut qu'il/elle ______
- Il faut que nous ______
- Il faut que vous ______
- Il faut qu'ils/elles ______

(3) Dire

3인칭 복수 인칭의 직설법 현재 동사 변화 → ils ______

접속법 현재

- Il faut que je ______
- Il faut que tu ______
- Il faut qu'il/elle ______
- Il faut que nous ______
- Il faut que vous ______
- Il faut qu'ils/elles ______

접속법을 사용하는 표현

1 바람을 나타내는 표현

• Je veux (= voudrais) que~ = J'aimerais que~	바라다, 원하다
• Je souhaite que~	소망하다, 바라다
• J'ai envie que~	~하고 싶다

2 감정을 나타내는 표현

• Je suis content(e) que~	기쁘다
• Je suis heureux(se) que~	행복하다
• Je suis triste que~	슬프다
• J'ai hâte que~	고대하다, 빨리 ~하기를 바라다
• J'ai peur que~ = Je crains que~	무서워하다, 두려워하다
• C'est dommage que~	유감스럽다, 아쉽다

3 의무를 나타내는 표현

• Il faut que~	해야 한다
• Il est nécessaire que~	할 필요가 있다

4 목적을 나타내는 표현

• Pour que~ = Afin que~	~하기 위해

5 의심/불확신/부정 견해의 표현

• Je doute que~	의심하다
• Je ne suis pas sûr que~	확신하지 않는다
• Je ne pense pas que~	생각하지 않는다
• Je ne crois pas que~	생각하지 않는다, 믿지 않는다

6 몇 가지 비인칭의 표현

• Il est possible que~	가능하다
• Il vaux mieux que~	~하는 것이 낫다, ~하는 것이 더 좋다

7 기타 표현

• Avant que~	~하기 전에
• Jusqu'à ce que~	~할 때까지
• Sans que~	~하지 않고

• Bien que~ = Malgré que~
~에도 불구하고

Exemples

16-1

(1) **바람**

Je ne veux pas que tu te sentes tout(e) seul(e). (se sentir)

나는 네가 혼자라고 느끼길 바라지 않아.

(2) **감정**

Il a peur que je dise la vérité. (dire)

그는 제가 진실을 말하는 것을 두려워합니다.

(3) **의무**

Il faut que que tu fasses toujours de ton mieux. (faire)

너는 항상 최선을 다해야 해.

(4) **목적**

Le monde a été créé par des idiots afin que les sages puissent y vivre. - Citation de Oscar Wild (pouvoir)

세상은 지혜로운 자가 살도록 어리석은 자가 창조한 것입니다. - 오스카 와일드 인용문

(5) **의심/불확신/부정 견해**

Je ne pense pas que la fermeture des frontières soit efficace pour lutter contre le Covid. (être)

저는 국경 폐쇄가 코로나바이러스를 막기 위해 효과적이라고 생각하지 않습니다.

(6) **비인칭의 표현**

Je pense qu'il vaut mieux que tu prennes tes distances avec elle. (prendre)

네가 그녀와 거리를 두는 것이 더 좋다고 생각해.

(7) **기타**

Viens avant que le spectacle finisse. (finir)

공연이 끝나기 전에 와.

se sentir
(v.) (느낌, 기분이) ~이다, 느끼다

seul(e)
(adj.) 혼자인, 외로운

faire de son mieux
(loc.) 최선을 다하다

toujours
(adv.) 언제나, 항상, 늘

idiot(e)
(adj.) 멍청한, 어리석은
(n.) 바보, 멍청이

sage
(adj.) 현명한, 슬기로운
(n.) 현명한 사람, 현인

fermeture
(n.f) 닫기, 휴업, 폐쇄

frontière
(n.f) 경계, 국경

efficace
(adj.) 효과적인, 효능이 있는

lutter contre + n
(loc.) ~에 대항하다, 맞서다

prendre ses distances
(loc.) 거리를 유지하다

직설법을 사용하는 표현

1 긍정적 견해, 확신, 발언 등의 표현

• Je pense que~	생각하다
• Je trouve que~	생각하다
• Je crois que~	믿다, 생각하다
• Je suis sûr que~	확신하다
• Je dis que~	말하다
• J'affirme que~	말하다, 주장하다
• Je déclare que~	말하다, 표명하다
• J'annonce que~	알리다, 발표하다
• J'informe que~	알리다, 안내하다
• Je sais que~	알다, 알고 있다

2 몇 가지 전치사/접속사 표현

• Après que~	~후에
• Depuis que~	~이래로, ~부터
• Dès que~	~하는 즉시, ~하자마자
• Pendant que~	~하는 동안
• Parce que = puisque~	~때문에
• Quand = lorsque~	~할 때

Tip

《Après que》의 경우, 여전히 적지 않은 프랑스인들이 접속법을 사용하고 있지만 프랑스 아카데미(Académie française)는 이 구문에서 직설법을 사용할 것을 권장하고 있다. (프랑스 아카데미: 프랑스어를 표준화하고 다듬는 역할을 하는 프랑스의 공식 비영리 기관)

Mise en pratique 2

다음 문장에 들어갈 적합한 직설법 또는 접속법을 고르세요.

(1) Tu veux ______________ ? (se voir)
(a) qu'on se voit plus souvent
(b) qu'on se voie plus souvent

(2) J'aimerais ______________. (être)
(a) que tout le monde est heureux
(b) que tout le monde soit heureux

(3) Ils affirment ______________. (devoir)
(a) que l'on doit garder une distance sociale
(b) que l'on doive garder une distance sociale

(4) Nous travaillons sans arrêt, mais je ne suis pas sûre ______________. (être)
(a) que c'est toujours une manière efficace
(b) que ce soit toujours une manière efficace

(5) Les gens disent ______________. (être)
(a) que la sieste est très reposante
(b) que la sieste soit très reposante

(6) C'est bien dommage ______________. (pouvoir)
(a) que tu ne peux pas venir me voir
(b) que tu ne puisses pas venir me voir

(7) Elle porte des lunettes noires afin ______________. (reconnaître)
(a) que personne ne la reconnaît
(b) que personne ne la reconnaisse

se voir
(v.) 서로 만나다, 서로 보다

sieste
(n.f) 낮잠, 휴식

reposante
(adj.) 휴식을 주는

garder
(v.) 지키다, 유지하다, 보존하다

distance (n.f) 거리

social(e)
(adj.) 사회의, 사회적인

porter
(v.) (옷, 장신구 등을) 입다, 착용하다, 쓰다

lunette
(n.f) 안경

personne
(pron.) (ne와 함께) 아무도 ~ 않다 / (n.f) 사람

reconnaître
(v.) 식별하다, 알아보다

(8) Il faut ___________. (aller)

(a) que je vais à la banque pour retirer de l'argent

(b) que j'aille à la banque pour retirer de l'argent

(9) Nous vous informons ___________. (être)

(a) que le tarif au format PDF est en ligne. Vous pouvez le télécharger sur notre site internet

(b) que le tarif au format PDF soit en ligne. Vous pouvez le télécharger sur notre site internet

(10) Il est possible ___________. (être)

(a) que le pire de la guerre est devant nous

(b) que le pire de la guerre soit devant nous

(11) Il est parti après ___________. (saluer)

(a) que nous l'avons tous salué

(b) que nous l'ayons tous salué

(12) Tu crois ___________? (savoir)

(a) que je ne sais pas ce que tu as dit de moi

(b) que je ne sache pas ce que tu as dit de moi

(13) Les experts disent que ___________. (pouvoir)

(a) les animaux peuvent vivre le temps différemment que nous

(b) les animaux puissent vivre le temps différemment que nous

(14) Savez-vous que ___________?

(a) 90% des gens font semblant de rire quand ils ne comprennent pas ce que quelqu'un dit

(b) 90% des gens fassent semblant de rire quand ils ne comprennent pas ce que quelqu'un dit

retirer
(v.) 꺼내다, 인출하다

télécharger
(v.) 다운로드하다

tarif
(n.m) 가격, 가격표, 요금, 요금표

au format
(loc.) 형태로

le pire
(n.) 최악(정관사와 함께 사용)

saluer + qqn
(v.) ~에게 인사하다

différemment
(adv.) 다르게, 다른 방법으로

faire semblant de + inf.
(loc.) ~하는 척하다

접속법 과거

바람, 감정, 의무, 목적, 부정적 견해 등 구문에서 어떠한 행위가 먼저 완료된 것을 표현한다.

1 접속법 과거의 긍정문

avoir/être 동사의 접속법 현재 + 과거분사

2 접속법 과거의 부정문

ne + avoir/être 동사의 접속법 현재 + pas + 과거분사

Exemples 16-2

(1) Je suis tellement content(e) que tu sois venu(e). (venir)
네가 와서 정말 기뻐.

(2) Je ne crois pas qu'ils soient arrivés. (arriver)
저는 그들이 도착했다고 믿지 않습니다(생각하지 않습니다).

(3) C'est vraiment dommage que tu n'aies pas pu rester en France. (pouvoir)
네가 프랑스에 머물지 못해서 정말 아쉬워.

16-3

No et moi

J'aurais fait n'importe quoi pour que No reste chez nous. Je voudrais qu'elle fasse partie de notre famille, qu'elle ait son bol, sa chaise, son lit, à la bonne taille, je voulais les diamanches aux couleurs d'hiver, le parfum de la soupe échappée de la cuisine. Je voudrais que notre vie ressemble à celle des autres. Je voulais que chacun ait sa place à table, son heure pour la salle de bain, son rôle dans l'organisation domestique, qu'il y ait plus qu'à laisser filer le temps.

지문을 읽고 접속법 현재 변화를 찾아 주어와 함께 쓰고, 그 동사의 원형을 써 보세요.

(1) Verbe 1
- Subjonctif présent: ______________________
- Infinitif: ______________________

(2) Verbe 2
- Subjonctif présent: ______________________
- Infinitif: ______________________

(3) Verbe 3
- Subjonctif présent: ______________________
- Infinitif: ______________________

(4) Verbe 4
- Subjonctif présent: ______________________
- Infinitif: ______________________

(5) Verbe 5
- Subjonctif présent: ______________________
- Infinitif: ______________________

(6) Verbe 6
- Subjonctif présent: ______________________
- Infinitif: ______________________

faire partie de + n.
(loc.) ~의 일원이다, ~에 속하다

taille
(n.f) 크기, 사이즈, 규모

parfum
(n.m) 향기, 향수

échapper
(v.) 달아나다, 빠져나가다

ressembler à + n.
(loc.) ~을 닮다, 비슷하다

chacun
(pron.) 저마다, 누구나

il n'y a plus qu'à + inf.
(loc.) ~할 수밖에 없다

laisser + inf.
(v.) ~하게 내버려두다, 놔두다

filer le temps
(loc.) 시간이 흐르다

rôle
(n.m) 역할

organisation
(n.f) 단체, 협회

domestique
(adj.) 가족의, 가정의

No et moi

2007년 8월에 출판된 델핀 드 비강(Delphine de Vigan)의 프랑스 소설로 이듬해에 프랑스 서점상을 수상하였고, 2010년에 영화로 각색되었다. 가족의 불행을 겪은 루 베르냑(Lou Bertignac)과 노숙자인 노(No)가 기차역에서 우연히 만나 루의 가족과 같이 지내며 일어나는 우정과 삶에 대해 이야기하는 드라마이다. 한국에서《길 위의 소녀》라는 제목으로 출간되었다.

Révision du vocabulaire

프랑스어 단어와 한국어 뜻을 알맞게 연결해 보세요.

(1) la frontière	(a) 효과적인, 효능이 있는
(2) retirer	(b) 꺼내다, 인출하다
(3) reposant	(c) 휴식을 주는
(4) la distance	(d) 거리
(5) bouger	(e) (느낌, 기분이) ~이다, 느끼다
(6) reconnaître	(f) 경계, 국경
(7) efficace	(g) 움직이다
(8) se sentir	(h) 식별하다, 알아보다
(9) faire de son mieux	(i) 최선을 다하다
(10) télécharger	(j) 다운로드하다

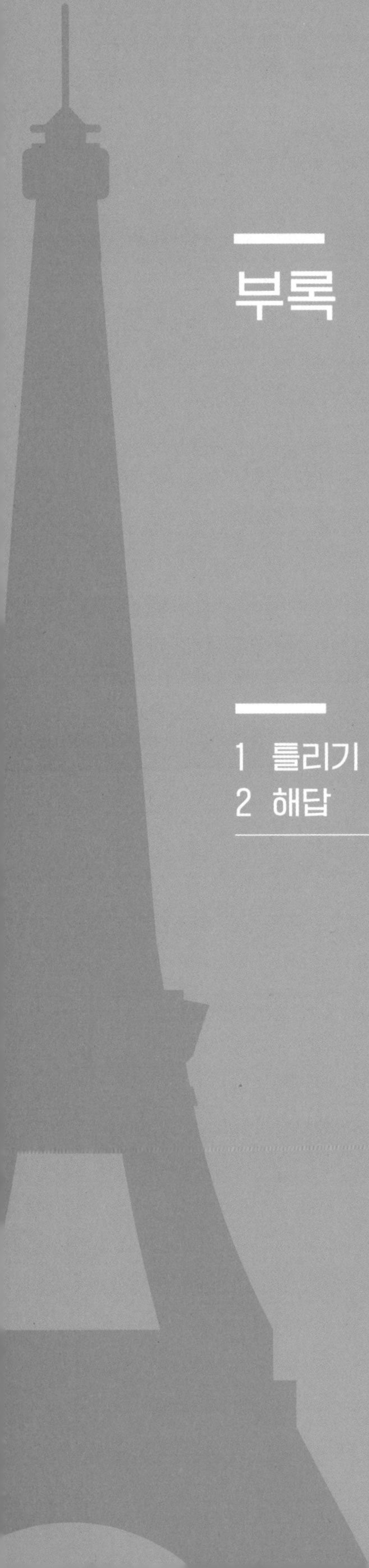

부록

1 틀리기 쉬운 프랑스어 표현을 한눈에
2 해답

1 틀리기 쉬운 프랑스어 표현을 한눈에

17-1

01 Vister / Rendre visite

Visiter + 장소 명사 / Rendre visite + à + 사람

장소를 방문하는 경우에는 'visiter' 동사를, 사람을 방문하는 경우에는 'rendre visiter'를 사용한다.

Exemples

J'ai visité le musée du Louvre au mois d'août, il y avait énormément de monde.
저는 8월에 루브르 박물관을 방문했습니다, 사람이 굉장히 많았어요.

Je vais rendre visite à ma famille ce week-end. = Je vais aller voir ma famille.
저는 이번 주말에 가족을 방문할 예정입니다.

→ Je vais visiter ma famille. (×)

02 Être réveillé / Se réveiller

Exemples

상태	Je suis réveillé.	나는 깨어 있다.
행위	Je me réveille.	나는 잠을 깬다.
상태	Il est couché.	그는 잠이 들었다.
행위	Il se couche.	그는 (침대에) 눕는다. / 그는 잠을 잔다.

기타 표현

상태	Être fâché 화가 나 있다	Être marié 기혼이다	Être assis 앉아 있다
행위	Se fâcher 화를 내다	Se marier 결혼을 하다	S'asseoir 앉다

03 Se marier / Épouser

Se marier avec + 사람 / Épouser + 사람 (전치사 없이 직접목적어를 사용)

Exemples

Emmanuel Macron s'est marié avec sa professeure malgré leurs 24 ans d'écart.
= Emmanuel Macron a épousé sa professeure malgré leurs 24 ans d'écart.
엠마뉘엘 마크롱은 24살 차이에도 불구하고 자신의 선생님과 결혼했습니다.

Emmanuel Macron a épousé avec sa professeure. (×)

04 Merci de / Merci pour

Merci de + 동사원형 / Merci pour + 명사

Exemples

Merci de m'écouter. 제 얘기를 들어 주셔서 감사합니다.
Merci pour votre compréhension. 양해해 주셔서 감사합니다.
*일상어보다 조금 더 품위있는 언어에서 ≪ Merci de + 명사 ≫를 사용하기도 한다.

05 Désolé de / Désolé pour

Désolé de + 동사원형 / Désolé pour + 명사

Exemples

Désolé de vous déranger. 방해해서 죄송합니다.
Désolé pour la réponse tardive. 늦은 답장에 죄송합니다(= 답장이 늦어서 죄송합니다).

06 Je l'appelle

Appeler + 직접목적보어
흔히 appeler 동사를 '연락하다' 동사로 이해하고 사용하기 때문에 자주 "Je lui appelle."처럼 간접목적어 대명사를 사용하여 틀리는 경우가 많다. 하지만 appeler 동사는 '직접목적보어'를 동반하는 동사이므로 me, te, le, la, nous, vous, les와 같은 직접목적보어 대명사와 사용한다.

Exemples

현재	Je l'appelle.	(○)	그/그녀에게 연락하다.
	Je lui appelle.	(×)	
복합 과거	Je l'ai appelé(e).		그/그녀에게 연락했다.

07 Tu me manques

영어의 문장 "I miss you"는 프랑스어에서 독특한 어순을 지닌다. 'manquer' 동사를 사용하여 그립거나 보고 싶은 대상을 주어로, 그리워하는 주체를 간접목적어 대명사로 사용한다.

Exemples

Tu	me	manques.	나는 네가 그리워(보고 싶어).
그리운 대상	그리워하는 주체		

Tu lui manques. 그/그녀가 너를 그리워해(보고 싶어해).
Mes parents me manquent. 저는 부모님이 그리워요(보고 싶어요).

08 Penser à / Penser de

- **Penser à + 사람/사물** → 누군가 또는 무엇인가를 생각
- **Penser de + 사람/사물** → 누군가 또는 무엇인가에 대한 견해를 표현

Exemples

Je suis content de te revoir. Tu m'as manqué, j'ai pensé à toi tous les jours.
너를 다시 만나서 기뻐. 너를 보고 싶었고, 매일 네 생각을 했어.

À quoi penses-tu? = Tu penses à quoi ?
너는 무엇을 생각해(무슨 생각해)?

Qu'est-ce que tu penses de ce film? = Que penses-tu de ce film?
= Tu penses quoi de ce film?
너는 이 영화에 대해서 어떻게 생각해?

09 Je suis sorti / J'ai sorti

- **sortir de + 장소 명사 (나오다)** → ≪ être + 과거분사 ≫로 완료의 과거를 만든다.
- **sortir + 직접목적보어 (꺼내다)** → ≪ avoir + 과거분사 ≫로 완료의 과거를 만든다.

Exemples

Je suis sorti(e) du bureau. 저는 사무실에서 나왔어요.
J'ai sorti mon téléphone et appelé maman. 저는 전화를 꺼내서 엄마에게 연락했어요.

기타 동사

entrer + 장소 전치사 + 장소 명사: ~에 들어가다
entrer + 직접목적보어: ~을 넣다

descendre + 장소 전치사 + 장소 명사: ~에 내리다, 내려가다
descendre + 직접목적보어: (물건 등을) ~을 내리다

10 Chacun / Chaque

Chacun + 단수형 동사 / Chaque + 단수형 명사 (관사 없이 사용)

chacun / chacune는 부정대명사로 일반적으로 단독으로 사용하거나 동사와 함께 사용하는 반면, chaque는 부정형용사로 명사와 함께 사용한다. 두 표현 모두 복수형은 사용하지 않는다.

Exemples

Chacun veut réussir.
= Tout le monde veut réussir.
모든 사람은 성공하고 싶어 합니다.

Chacun a le droit de s'exprimer.
= Tout le monde a le droit de s'exprimer.
모든 사람은 자신을 표현할 권리가 있습니다.

Chaque matin, je commence ma journée avec un bon café.
= Tous les matins, je commence ma journée avec un bon café
매일 아침, 저는 맛있는 커피 한잔으로 하루를 시작합니다.

Chaque année, j'essaie de me renouveler.
= Toutes les années, j'essaie de me renouveler.
매년, 제 자신을 새롭게 하려고 노력합니다.

11 Ça me fait / Ça me rend

- **Ça me fait + 명사** (me = 간접목적보어 대명사)
- **Ça me rend + 형용사** (me = 직접목적보어 대명사)

Exemples

Ça me fait mal.	저는 아파요. (신체적 또는 정신적으로)
Ça me fait plaisir.	저는 기뻐요.
Ça me fait peur.	저는 무서워요.
Ça me rend heureux(se).	그것은 저를 행복하게 해요.
Ça me rend triste.	그것은 저를 슬프게 해요.
Ça me rend fou(folle).	그것은 저를 미치게 해요.
Ça me fait triste. (×)	

12 Qu'est-ce que / Qu'est-ce qui

- **Qu'est-ce que + 주어 + 동사 (= Que + 동사 + 주어)** 무엇을 (사물 직접목적어를 묻기 위한 의문사)
- **Qu'est-ce qui + 동사** 무엇이 (사물 주어를 묻기 위한 의문사)

Exemples

Qu'est-ce que tu veux dire ? = Que veux-tu dire ?
너는 무엇을 말하고 싶은 거야? (= 무슨 뜻이야?)

Qu'est-ce que tu veux devenir ? = Que veux-tu devenir ?
너는 뭐가 되고 싶어?

Qu'est-ce qui te plaît?
무엇이 네 마음에 들어? (= 뭐가 좋아?)

Qu'est-ce qui te rend heureux?
무엇이 너를 행복하게 해?

*≪ Qu'est-ce qui ≫ 다음에 일반적으로 3인칭 단수형의 동사를 사용한다. (현재, 과거, 미래 등 모든 시제에서)

13 Qui est-ce que / Qui est-ce qui

- **Qui est-ce que + 주어 + 동사 (= Qui 동사 + 주어)** 누구를 (사람 직접목적어를 묻기 위한 의문사)
- **Qui est-ce qui + 동사 (= Qui + 동사)** 누가 (사람 주어를 묻기 위한 의문사)

*≪ Qui est-ce qui ≫ 다음에 일반적으로 3인칭 단수형의 동사를 사용한다. (현재, 과거, 미래 등 모든 시제에서)

Exemples

Qui est-ce que tu cherches ? = Qui cherches-tu ? 누구를 찾고 있어?
Qui est-ce que tu as invité ? = Qui as-tu invité ? 누구를 초대했어?
Qui est-ce qui vient aujourd'hui ?= Qui vient aujourd'hui ? 오늘 누가 오는 거야?
Qui est-ce qui a fait ça ? = Qui a fait ça ? 이거 누가 했어?

14 Courir / Marcher / Quitter / Suivre / Visiter

이 동사들은 '뛰다/걷다/떠나다/따라가다, 쫓아가다/방문하다'라는 뜻으로, 복합 과거를 비롯한 대과거, 전미래 등에서 왕래발착 동사로 취급하지 않는다. 따라서 avoir + p.p.로 복합 시제를 표현한다.

Exemples

Avec toi j'ai marché sur les routes qui montent.
나는 너와 함께 올라가는 길을 걸었어.

Malgré la canicule, nous avons couru 10 km.
폭염에도 불구하고, 우리는 10km를 뛰었습니다.

Les raisons pour lesquelles ces personnes ont quitté leur pays d'origine sont nombreuses.
이 사람들이 자신의 출신국을 떠난 이유는 다양합니다.

J'ai suivi le chemin qui me mène à un avenir radieux.
저는 찬란한 미래로 저를 이끄는 길을 따라갔습니다.

Le Portugal est un pays que j'ai visité plusieurs fois et que j'apprécie beaucoup.
포르투갈은 제가 여러 번 방문했고, 정말 좋아하는 나라입니다.

15 Connaître / Savoir

- **Connaître + 명사 (사람/사물/장소)**
- **Savoir + 동사원형 / 접속사 qui / que / quoi / pourquoi / où / si, etc.**

위의 두 동사는 '알다'의 의미를 가지고 있지만, 문장의 구조와 의미에 따라 사용법이 다르다.

(1) 문장 구조의 차이

connaître는 명사 또는 명사구와 사용할 뿐, 동사원형이나 주어와 동사가 포함된 종속절을 동반할 수 없다. 반면에 savoir는 동사원형 또는 종속절을 동반한다.

(2) 의미의 차이

connaître는 사람/사물/장소 등을 식별하는 의미로 사용한다. 반면에 savoir는 지식의 연구, 습득을 통해 방법 등을 구분하는 의미로 사용한다.

Exemples

Connaissez-vous l'origine du Poisson d'avril ?
만우절의 유래를 아시나요?

Tip

'4월의 생선'이라는 뜻의 Poisson d'avril은 프랑스에서 '만우절'을 의미한다.

Un viellard nommé Geppetto, il connaît une famille riche portant le nom 'Pinocchio'.
제페토라는 이름의 노인은 '피노키오'라는 이름을 가진 부유한 가족을 알고 있습니다.

Est-ce que tu sais comment télécharger des applications sur un ordinateur ?
너 컴퓨터에서 어플리케이션 다운로드 어떻게 하는지 알아 ?

Théoriquement, on sait que la Terre tourne, mais en fait on ne s'en aperçoit pas.
이론적으로 우리는 지구가 자전한다는 것을 알지만, 실제로는 그것을 알아차리지 못합니다.

16 Rencontrer / Voir

- **Rencontrer** 누군가를 처음 만나는 경우 / **Se rencontrer** 서로 만나다
- **Voir** 이미 알고 있는 사람을 만나는 경우 / **Se voir = Se retrouver** 서로 만나다

두 동사는 모두 '만나다'라는 뜻을 가지고 있지만, 사용법에 작은 차이가 있다. 하지만 이것은 더 명확하게 구분하여 동사를 사용하는 것일 뿐, 완전히 다르게 전달되거나 틀린 표현이 아니기 때문에 큰 오류가 되진 않는다.

Exemples

Quand on rencontre quelqu'un et on a l'impression que l'on l'a déjà connu.
우리는 누군가를 만날 때 이미 그 사람을 이미 알았던 것 같은 느낌을 받습니다.

On pourrait se voir pour discuter demain?
우리 얘기 좀 하러 내일 만날 수 있을까?

17 Prêter / Emprunter

- **Prêter** 빌려주다
- **Emprunter** 빌려오다, 빌려 받다

이 두 동사는 반대어로, 사용법이 혼동될 때에는 prêter는 donner(주다)의 행위로, emprunter는 recevoir(받다)의 행위로 이해하면 구분하기에 더욱 쉽다.

Exemples

Pour aider un ami, je lui ai prêté de l'argent mais il ne me rembourse pas.
저는 친구를 도와주려고 돈을 빌려줬는데, 저에게 갚지 않아요.

J'ai emprunté ce livre à la bibliotheque et je l'ai lu en une journée, je n'ai pas pu le lâcher.
저는 도서관에서 이 책을 빌려와서 하루만에 다 읽었고, 손에서 놓을 수가 없었어요.

18 Décider / Se décider

- **Décider de + 동사원형 = prendre une décision** 결정하다
- **Se décider à + 동사원형 = faire un choix, se résoudre** 결심하다, 각오하다

Exemples

J'ai décidé d'arrêter de fumer, j'espère que je vais réussir.
나는 금연하기로 결정했고, 성공하면 좋겠어.

Après des heures d'hésitation, je me suis enfin décidé à te raconter.
몇 시간의 고민 후에, 나는 결국 너에게 얘기하기로 결심했어.

19 Se coucher / Dormir / S'endormir

- **Se coucher** 자러 가다, 눕다 (= aller dormir)
- **Dormir** 자다, 수면하다
- **S'endormir** 잠이 들다 (아직 완전히 수면에 들지 않은 상태)

Exemples

Je me suis couché au lit plus tôt que d'habitude pour être en forme.
저는 좋은 컨디션을 위해 평소보다 더 일찍 침대에 누웠습니다(자러 갔습니다).

Plus d'un tiers des Français dorment moins de 6 heures par nuit.
프랑스인의 1/3은 하루에 6시간 미만 수면합니다.

Si je m'endors sur le canapé, réveille-moi.
내가 소파에서 잠이 들면, 깨워 줘.

20 Aller / S'en aller

이 두 동사는 '가다'라는 동일한 뜻을 가지고 있지만, 일반적으로 aller는 장소 보어와 같이 사용하여 '~에 가다'를 표현할 수 있다. 반면에 s'en aller는 자주 장소 보어 없이 사용하며, 항상 목적지가 지정되어야 하는 것은 아니다.

Exemples

- **직설법 현재** Je m'en vais.
- **직설법 복합 과거** Je m'en suis allé(e).
- **직설법 근접 미래** Je vais m'en aller.

Je vais m'en aller, mais je vais revenir. Je vais toujours me sentir chez moi ici.
나는 떠날 거지만, 다시 돌아올 거야. 나는 여기를 항상 나의 집으로 느낄 거야.

Éteignez votre téléphone portable lorsque vous allez au lit. Car cela peut causer une insomnie chronique.
자러 갈 때는 휴대폰을 끄세요. 만성 불면증의 원인이 될 수 있기 때문입니다.

2 해답

Leçon 01

실전 연습

(1) lentement
(2) officiellement
(3) poliment
(4) dernièrement
(5) personnellement
(6) principalement
(7) actuellement
(8) suffisamment
(9) fréquemment
(10) légèrement
(11) tragiquement
(12) malheureusement

읽기와 이해

해석

반말과 존댓말

프랑스어에서 누군가를 만날 때 서로 자주 이런 질문을 하곤 합니다. "저희 말 놓을까요?" 또는 "서로 너라고 할까요?" 언제 반말을 하고 언제 존댓말을 해야 할까요? 매우 엄격한 규칙은 없습니다. 하지만 일반적으로, 예의와 존중의 형식으로 'vous'을 사용하는 한편 더 친숙한 상황에서는 'tu'을 사용합니다.

처음 만나는 사람, 연장자, 상사, 선생님 또는 잘 모르는 사람에게 존댓말을 합니다.

요즘, 젊은 세대들은 훨씬 더 쉽게 서로 반말을 합니다.

(1) • Mais généralement, on utilise 'vous' comme une forme de politesse et de respect alors qu'on utilise 'tu' dans un contexte plus familier.
 • 하지만 일반적으로, 예의와 존중의 형식으로 'vous'을 사용하는 한편 더 친숙한 상황에서는 'tu'을 사용합니다.

(2) • Aujourd'hui, les jeunes générations se tutoient beaucoup plus facilement.
 • 요즘, 젊은 세대들은 훨씬 더 쉽게 서로 반말을 합니다.

단어 복습

(1) (f)
(2) (e)
(3) (h)
(4) (a)
(5) (g)
(6) (i)
(7) (b)
(8) (d)
(9) (j)
(10) (c)

Leçon 02

실전 연습

(1) c'est moi qui m'en occupe.
(2) je m'y intéresse beaucoup.
(3) je m'en souviens très bien.
(4) je vais te les envoyer.
(5) je le sais déjà.

해석

(1) A 로랑 씨, 당신이 제품 광고를 맡고 있나요?
 B 네, 제가 제품 광고를 맡고 있습니다.

(2) A 너 세계 문제에 관심이 있니?
 B 응, 나는 환경, 기후 변화, 빈곤과 같은 세계 문제에 관심이 많아.

(3) A 너는 신혼여행이 생각나니?
 B 물론, 신혼여행이 잘 생각나지. 우리는 산토리니를 선택했고, 나와 내 부인은 이 선택을 후회한 적이 없어.

(4) A 너 나에게 이메일로 이 문서를 보내줄 수 있어?
 B 응, 너에게 가능한 빨리 (그것을) 이메일로 보낼게.

(5) A 너 한국에서는 아기들이 태어날 때 1살인 거 알고 있어?
 B 응, 나는 (그것을) 이미 알고 있어. 그래서 한국 나이를 계산하려면 프랑스 나이에 1년을 더해야 해.

읽기와 이해

해석

파리의 벼룩시장

파리에는 굉장히 많은 시장과 벼룩시장이 있습니다. 거의 모든 동네에 하나씩 있을 정도입니다. 그 시장들 대부분은 오랜 역사를 가지고 있습니다.
파리 북동쪽의 생투앙 벼룩시장은 사람들이 가장 많이 모여드는 장소 중 하나이며 그곳을 처음 볼 때 광장은 끝이 없는 것처럼 보입니다. 예술품, 레코드, 희귀 도서, 포스터, 빈티지 의류, 오래된 장난감 등과 같은 다양한 선택이 있습니다.
벼룩시장은 파리의 기념품을 구매하기에 이상적이며 그곳에서 산책하는 데 오전 시간을 할애할 가치가 있습니다.

(1) • À tel point que presque tous les quartiers en possèdent un.
• 거의 모든 동네에 (시장과 벼룩시장이) 하나씩 있을 정도입니다.

(2) • quand on le voit pour la première fois, la place semble être infinie.
• 그곳(생투앙 벼룩시장)을 처음 볼 때 광장은 끝이 없는 것처럼 보입니다.

(3) • cela vaut la peine de consacrer une matinée pour s'y promener.
• 그곳(벼룩시장)에서 산책하는 데 오전 시간을 할애할 가치가 있습니다.

단어 복습

(1) (d) (2) (e) (3) (g)
(4) (j) (5) (c) (6) (i)
(7) (b) (8) (h) (9) (f)
(10) (a)

Leçon 03

실전 연습 1

〈복합 과거〉	〈대과거〉
• J'ai réussi	J'avais réussi
• Tu as fait	Tu avais fait
• Il est venu	Il était venu
• Nous avons dit	Nous avions dit
• Vous avez pris	Vous aviez pris
• Ils se sont vus	Ils s'étaient vus

실전 연습 2

(1) J'avais voulu vivre ailleurs.
저는 다른 곳에서 살기를 원했습니다.

(2) Il n'avait jamais vécu seul.
그는 한번도 혼자 산 적이 없었습니다.

(3) Tout s'était bien passé.
모든 것이 잘 되었습니다(모든 일이 잘 지나갔습니다).

(4) Nous ne nous étions pas senti(e)s en sécurité.
우리는 안전하다고 느끼지 못했습니다.

(5) Elle avait quitté son emploi pour commencer une nouvelle vie.
그녀는 새로운 삶을 시작하기 위해 직장을 그만두었습니다.

읽기와 이해

해석

어린왕자

나는 이렇게 아주 중요한 두 번째 사실을 알게 되었다. 그가 떠나온 행성이 집 한 채보다 겨우 조금 더 크다는 것이다!
나는 별루 놀라지 않았다. 지구, 목성, 화성, 금성처럼 사람들이 이름을 붙여 놓은 커다란 행성 이외에도 망원경으로 식별하기 매우 어려운 아주 작은 다른 수백 개의 행성들도 있다는 것을 알고 있었다. 천문학자가 그 행성들 중 하나를 발견하면, 그는 이름으로 번호를 붙여준다. 예를 들면 ≪소행성 3251≫이라고 부른다.

(1) • C'est que sa planète d'origine était à peine plus grande qu'une maison!
• 그가 떠나온 행성이(그의 고향인 행성이) 집 한 채보다 겨우 조금 더 크다는 것이다!

(2) • Ça ne pouvait pas m'étonner beaucoup.
• 나는 별로 놀라지 않았다(그것은 별로 나를 놀라게 하지 않았다).

(3) • Je savais bien…
• 나는 알고 있었다… (이하 문장을 연결하여 쓰는 것도 가능)

(4) • J'avais ainsi appris une seconde chose très importante.
• 나는 이렇게 아주 중요한 두 번째 사실을 알게 되었다.

단어 복습

(1) (b)	(2) (d)	(3) (e)
(4) (c)	(5) (a)	(6) (g)
(7) (f)	(8) (h)	(9) (j)
(10) (l)	(11) (k)	(12) (i)

Leçon 04

실전 연습 1

〈긍정문〉	〈부정문〉
• Je serai parti(e)	Je ne serai pas parti(e)
• Tu auras fait	Tu n'auras pas fait
• Il aura choisi	Il n'aura pas choisi
• Nous aurons pris	Nous n'aurons pas pris
• Vous serez arrivé(e)(s)	Vous ne serez pas arrivé(e)(s)
• Ils se seront préparés	Ils ne se seront pas préparés

실전 연습 2

(1) Je me serai décidé(e) à agir.
저는 행동하기로 결심할 것입니다.

(2) Mon enfant aura appris plein de nouvelles choses.
저의 아이는 많은 새로운 것들을 배우게 될 것입니다.

(3) Son nouvel album sera sorti tout d'abord en France.
그/그녀의 새 앨범이 프랑스에서 먼저 출시될 것입니다.

(4) Nous serons arrivé(e)s le plus tôt possible à l'aéroport.
우리는 가능한 한 일찍 공항에 도착할 것입니다.

(5) Mes beaux-parents auront immigré en Australie.
저의 시부모님은 호주로 이민을 갈 것입니다.

읽기와 이해

해석

여러분은 100세가 되었을 때 자신의 모습을 어떻게 상상하시나요?

유엔 보고서에 따르면 1955년 부터 평균수명이 21년 늘어났습니다. 여러분은 100세가 되었을 때 자신의 모습을 어떻게 상상하시나요? 여러분의 미래는 지금과 많이 다를까요? 여기 자신의 미래에 대해 이야기하는 한 소년이 있습니다.

라파엘

제가 100살 때...
저는 많은 스포츠 활동을 할 것이기 때문에 아주 건강할 거예요.
저는 돈을 많이 벌게 될 것이기 때문에 강가에 있는 큰 집에서 살 거예요.
저는 50살 즈음에 은퇴할 것이기 때문에 더 이상 일하지 않을 거예요.
저는 후회 없는 삶을 살았기 때문에 행복할 거예요!

(1) • car j'aurai fait plein d'activités sportives.
• 왜냐하면 저는 많은 스포츠 활동을 할 것이기 때문입니다.

(2) • car j'aurai beaucoup gagné.
• 왜냐하면 저는 돈을 많이 벌게 될 것이기 때문입니다.

(3) • car j'aurai pris ma retraite vers 50 ans.
• 왜냐하면 저는 50살 즈음에 은퇴할 것이기 때문입니다.

(4) • car j'aurai eu une vie sans regret!
• 왜냐하면 저는 후회 없는 삶을 살 것이기 때문입니다!

단어 복습

(1) (e) (2) (f) (3) (h)
(4) (a) (5) (d) (6) (b)
(7) (g) (8) (c) (9) (i)
(10) (j)

Leçon 05

실전 연습

(1) Ne pas jeter les déchets.
(2) Ne pas marcher sur la pelouse.
(3) Il a appris à lire et à écrire à 3 ans.
(4) J'ai oublié d'éteindre la lumière.
(5) À 35 ans, elle a décidé de devenir maman.
(6) Je vous remercie d'être venu(e)s aujourd'hui.
(7) J'ai essayé de ne pas rire.
(8) Pour votre (la) santé, évitez de manger trop sucré et trop salé.
(9) Il est important de recycler les déchets pour protéger la nature.
(10) Les réseaux sociaux nous permettent de partager nos goûts, nos souvenirs et nos expériences.

읽기와 이해

해석

새해 다짐
크리스마스와 새해 전야 사이의 기간은 한 해를 정리하기에 가장 좋은 시기입니다.
그래서 매년과 마찬가지로 여러분은 좋은 새해 목표를 세우셨나요?
하지만 무엇을 선택해야 할까요? 어디서부터 시작해야 할까요? 여러분을 돕기 위해 지킬 만한 좋은 다짐 목록을 제안합니다.

(1) • **Être** plus positif.
• 더욱 긍정적으로 되기.

(2) • **Créer** une routine matinale et la respecter à long terme.
• 아침 루틴을 만들고 그것을 장기적으로 지키기.

(3) • **Passer** plus de temps en famille.
• 가족과 더 많은 시간 보내기.

(4) • **Faire** des compliments plus souvent aux gens.
• 사람들에게 더 자주 칭찬하기.

(5) • **Ne pas dépenser** de l'argent inutilement.
• 불필요하게 돈을 낭비하지 않기.

(6) • **Arrêter** une mauvaise habitude comme par exemple se ronger les ongles, dire des gros mots.
• 손톱 물어뜯기, 욕하기와 같은 나쁜 습관 멈추기.

단어 복습

(1) (c) (2) (h) (3) (e)
(4) (i) (5) (a) (6) (f)
(7) (g) (8) (b) (9) (l)
(10) (d) (11) (j) (12) (k)

Leçon 06

실전 연습

(1) Tu m'as fait rire.
(2) Cet endroit me fait penser à Noël.
(3) Ça me fait rêver aux plages d'été.
(4) Je me suis fait vacciner contre la grippe.
(5) Le patron a fait travailler ses(les) employés sans contrat.
(6) L'innovation technologique nous fait perdre des(nos) emplois.

읽기와 이해

해석

아기를 웃게 하는 방법

웃음은 기운을 북돋아주는 최고의 약입니다. 놀이를 하고 노래를 부르고 간지럽히는 것은 아기를 웃게 만드는 좋은 방법입니다. 이러한 놀이는 또한 아기가 초기 인지 능력을 개발하는 데 도움됩니다.

간단한 놀이로 아기를 웃게 만드는 것은 쉽습니다. 춤을 추거나 박수를 치거나 다른 행동을 할 수 있습니다. 아기를 위해 손 인형을 춤추고 노래하게 하면 아기가 웃을 수 있습니다.

(1) • Jouer à des jeux, chanter des chansons et chatouiller sont de bons moyens de faire rire un bébé.
  • 놀이를 하고 노래를 부르고 간지럽히는 것은 아기를 웃게 만드는 좋은 방법입니다.
(2) • Faire rire un bébé est facile grâce à des jeux simples.
  • 간단한 놀이로 아기를 웃게 만드는 것은 쉽습니다.
(3) • Faire danser et chanter une marionnette à main pour votre bébé le fera rire.
  • 아기를 위해 손 인형을 춤추고 노래하게 하면 아기가 웃을 수 있습니다.

단어 복습

(1) (e)	(2) (f)	(3) (h)
(4) (g)	(5) (b)	(6) (a)
(7) (d)	(8) (c)	(9) (j)
(10) (i)		

Leçon 07

실전 연습

(1) qui	(2) ce que
(3) qui	(4) que
(5) dont	(6) que
(7) où	(8) Ce que, ce qui
(9) où	(10) où
(11) qui	(12) qui

해석

(1) 저는 저를 웃게 만드는 사람들이 좋아요.
(2) 내가 너에게 말한 것을 잊지 마.
(3) 당신을 행복하게 하는 영화는 무엇인가요?
(4) 당신이 가장 좋아하는 프랑스어 단어는 무엇인가요?
(5) 당신이 인생에서 가장 자랑스러운 것은 무엇인가요?
(6) 인생에는 우리가 꼭 알아야 할 것들이 있습니다.
(7) 루카는 체리가 있는지 보기 위해 올라갔던 나무에서 내려왔습니다.
(8) 제가 하는 것은 결코 지루하지 않습니다. 왜냐하면 저는 제가 좋아하는 것을 하기 때문입니다.
(9) 룩셈부르크 공원은 산책할 수 있는 멋지고 완벽한 장소입니다.
(10) 우리는 호텔에서 휴가 중입니다. 비가 내리는 오늘을 제외하고는 정말 멋진 바다가 있습니다.
(11) 삼청동은 전통 건축과 현대 건축이 공존하는 동네입니다.
(12) 많은 국가에서 국민 선거에 투표하는 청년들(젊은 사람들)의 비율이 감소하고 있습니다.

읽기와 이해

해석

엠마뉘엘 마크롱과 브리지트 마크롱, 대통령 부부

엠마뉘엘 마크롱과 브리지트 마크롱이 만난 것은 고등학교에서였습니다. 브리지트는 아미앙의 프로비당스 고등학교 연극 교사였습니다.

그들이 만난 90년대 초에, 엠마뉘엘 마크롱은 16세의 고등학생이었습니다. 브리지트 트로뉴는 결혼했으며 세 자녀의 어머니였습니다. 엠마뉘엘은 24살의 차이에도 불구하고 이 여자와 사랑에 빠집니다.

다만, 모든 것이 알려진 작은 도시에서 소문이 퍼집니다. 브리지트 트로뉴는 학교를 옮기고, 그 고등학생은 나머지 학업을 하게 될 파리로 이사를 합니다.

2007년 10월 20일에 엠마뉘엘과 브리지트는 결혼하고, 2017년 5월 엠마뉘엘 마크롱은 프랑스 공화국의 대통령으로 당선되었습니다.

(1) • C'est dans un lycée qu'Emmanuel Macron et Brigitte Macron se sont rencontrés.
- 엠마뉘엘 마크롱과 브리지트 마크롱이 만난 것은 고등학교에서였습니다.
- * 〈C'est 장소 명사 que + 주어 + 동사〉 : 선행사가 장소이더라도 그 장소를 강조하기 위해 사용하는 관계사 강조 구문이다.

(2) • Seulement, dans une petite ville où tout se sait, la rumeur court.
- 다만, 모든 것이 알려진 작은 도시에서 소문이 퍼집니다.

(3) • le lycéen emménage à Paris, où il fera le reste de ses études.
- 그 고등학생은 나머지 학업을 하게 될 파리로 이사를 합니다.

단어 복습

(1) (f)	(2) (g)	(3) (a)
(4) (i)	(5) (h)	(6) (c)
(7) (d)	(8) (b)	(9) (j)
(10) (e)		

Leçon 08

실전 연습 1

(1) je ne connais pas les tiens.
(2) Quelle est la tienne?
(3) Quelle est la vôtre?
(4) Le sien a une plaque d'identité à collier qui est différente.
(5) Pouvez-vous me raconter les vôtres?

해석

(1) 너는 내 취향을 알고 있지만, 나는 네 취향을 몰라.
(2) 이것이 사회의 다양성에 대한 나의 의견이야. 너의 의견은 무엇이니?
(3) 우리는 모두 완수할 임무가 있습니다. 당신의 임무는 무엇인가요?
(4) 아니요, 이 안내견은 그녀의 개가 아닙니다. 그녀의 안내견은 다른 인식표 목걸이가 있어요.
(5) 저는 이 분야에서 직장 경험이 없습니다. 저에게 당신의 경험을 말해줄 수 있으세요?

실전 연습 2

(1) ceux	(2) celles
(3) celle	(4) celui
(5) ceux	

해석

(1) 제 최고의 추억은 어린시절의 추억입니다.
(2) 이 사과들 중에 저는 잘 익은 것을 원합니다.
(3) 제 생각에 인간 최고의 발명은 휴대전화입니다.
(4) 이 아파트가 마음에 들기는 하지만, 저는 지난주에 방문했던 집이 더 좋습니다.
(5) 저에게는, 무라카미 하루키의 소설보다 기욤 뮈소의 소설이 더 좋습니다. 그의 글은 명료하고 단순합니다. 저는 그의 매우 특별한 스타일을 정말 좋아합니다.

읽기와 이해

해석

한국의 전통 의상, 한복

한국의 전통 의상을 한복이라고 합니다. "한복"이라는 단어는 "한국 의상"을 의미하며, 진정한 문화유산으로 인정받고 있습니다.

여성용 한복과 남성용 한복이 있습니다. 여성 한복은 상의와 치마가 있습니다. 상의 색상은 일반적으로 하의 색상과 다릅니다. 남성 한복은 저고리와 바지로 구성되어 있습니다.

오늘날 한복은 음력 설(설날), 결혼식, 아이의 첫 생일(돌잔치)과 같은 중요한 행사에서 착용됩니다.

(1) • Celui de la femme comporte une veste et une jupe. (Celui → le hanbok 지칭)
• 여성 한복은 상의와 치마가 있습니다

(2) • La couleur du haut est normalement différente de celle du bas. (celle → la couleur 지칭)
• 상의 색상은 일반적으로 하의 색상과 다릅니다.

(3) • Celui de l'homme se compose d'une veste et d'un pantalon. (Celui → le hanbok 지칭)
• 남성 한복은 저고리와 바지로 구성되어 있습니다.

단어 복습

(1) (g)	(2) (f)	(3) (e)
(4) (h)	(5) (b)	(6) (a)
(7) (j)	(8) (d)	(9) (i)
(10) (c)		

Leçon 09

실전 연습

(1) cassé	(2) utilisés
(3) prises	(4) posé
(5) laissée	(6) rencontrés
(7) souvenue	(8) vue
(9) visitée	(10) hospitalisées

해석

(1) 제 딸은 자전거에서 떨어져서 다리가 부러졌습니다.
(2) 스마트폰은 인터넷 서핑에 PC보다 더 많이 사용됩니다.
(3) 마튜는 파리에서 찍었던 사진들을 자신의 외투 주머니에서 꺼냈습니다.
(4) 그들은 서로(에게) 일상에 관한 질문을 했습니다.
(5) 웨이터는 제가 테이블 위에 올려놓았던 동전을 잽싸게 가져갔습니다.
(6) 남자친구와 저는 대학교에서 처음으로 만났습니다.
(7) 그녀는 정오에 약속이 있다는 것을 기억해 냈습니다.
(8) 저는 퀘벡 친구가 있습니다. 어제 프랑스어를 연습하기 위해 그녀를 만났습니다.
(9) 우리가 방문한 첫 번째 집은 확실히 너무 작고 너무 비쌌습니다.
(10) 바이러스로 입원한 사람의 수가 일주일 만에 36% 증가했습니다.

읽기와 이해

해석

코비드19 유행병

2020년에 코비드19 전염병이 전 세계에 영향을 미쳤습니다. 코비드19 전염병은 발생 이후 전 세계적으로 2021년 말에 1,800만 명 이상의 사망자를 냈습니다.

코비드19의 영향으로 우리의 첫 달은 일하는 방식, 의사소통 방식, 자신을 돌보는 방식을 바꿨습니다. 그 이후로 우리는 이동을 제한하고, 원격으로 일하고, 더 이상 술집과 식당에 가지 않는 데 익숙해졌습니다.

마스크는 일상생활에서 매우 흔한 액세서리가 되었습니다. 우리는 모두 새로운 기술과 새로운 삶의 방식 사이에 적응했습니다.

(1) • nous nous sommes habitués à limiter nos déplacements~
• 우리는 이동을 제한하는 데 익숙해졌습니다. (이후 마침표까지의 문장 전체를 쓰는 것도 가능)

(2) • Le masque est devenu un accessoire très commun dans notre quotidien.

- 마스크는 일상생활에서 매우 일반적인 액세서리가 되었습니다.

(3) • Nous nous sommes tous adaptés, entre nouvelles technologies et nouveau mode de vie.
- 우리는 모두 새로운 기술과 새로운 삶의 방식 사이에 적응했습니다.

단어 복습 1

(1) ouvert	(2) vécu
(3) reçu	(4) réduit
(5) assis	(6) produit
(7) ri	(8) obtenu
(9) souvenu	(10) eu

단어 복습 2

(1) (d)	(2) (e)	(3) (g)
(4) (b)	(5) (a)	(6) (c)
(7) (f)	(8) (j)	(9) (h)
(10) (i)		

Leçon 10

실전 연습

(1) Beaucoup de mots anglais sont utilisés en français.
(2) Généralement, cette boisson est servie froide.
(3) Mon compte e-mail a été piraté.
(4) J'aimerais(= Je voudrais / Je veux) adopter un chien qui a été abandonné.
(5) Où ont été prises ces photos ? / Où ces photos ont-elles été prises ?
(6) À 39 ans(= À l'âge de 39 ans), Emmanuel Macron a été élu président de la République française.
(7) La maison brûlée sera refaite à neuf.
(8) La série française Lupin sera diffusée cet été sur Netflix.

읽기와 이해

해석

베르나르 베르베르

베르나르 베르베르는 1961년 9월 18일 툴루즈에서 태어난 프랑스 작가이자 기자이자 감독입니다. 그는 전 세계적으로 2,300만 부 이상 팔린 소설 "개미"로 유명합니다. 특히, 그는 한국에서 매우 많은 팬을 보유하고 있습니다. 베르베르 작품의 전 세계 판매량 중 절반 이상이 한국 시장에서 이뤄졌습니다. 그는 한 인터뷰에서 "한국의 놀라운 에너지에 매료되었다."라고 말했습니다.

(1) • Il est connu pour son roman Les Fourmis.
- 그는 소설 "개미"로 유명합니다(알려져 있습니다).

(2) • Plus de la moitié des ventes mondiales des œuvres de Werber ont été réalisées sur le marché sud-coréen.
- 베르베르 작품의 전 세계 판매량 중 절반 이상이 한국 시장에서 이뤄졌습니다.

(3) • Je suis fasciné par l'incroyable énergie de la Corée.
- 저는 한국의 놀라운 에너지에 매료되었습니다.

단어 복습

(1) (c)	(2) (j)	(3) (i)
(4) (g)	(5) (e)	(6) (d)
(7) (a)	(8) (b)	(9) (h)
(10) (f)		

Leçon 11

실전 연습 1

〈단순 미래〉	〈조건법 현재〉
• J'aimerai	J'aimerais
• Tu réussiras	Tu réussirais
• Il dira	Il dirait
• Nous mettrons	Nous mettrions
• Vous attendrez	Vous attendriez
• Ils s'habitueront	Ils s'habitueraient

실전 연습 2

〈긍정문〉	〈부정문〉
• J'aurais su	Je n'aurais pas su
• Tu aurais fait	Tu n'aurais pas fait
• Il aurait choisi	Il n'aurait pas choisi
• Nous aurions dû	Nous n'aurions pas dû
• Vous auriez dû	Vous n'auriez pas dû
• Ils se seraient dépêchés	Ils ne se seraient pas dépêchés

읽기와 이해

해석

당신이 대통령이라면 무엇을 하시겠습니까?

당신이 프랑스공화국의 대통령으로 선출되었다고 상상해 보세요. 어떤 결정을 내리겠습니까? 프랑스를 바꾸기 위해 어떤 조치를 취하시겠습니까?

우리는 초등학교 학생들에게 이러한 질문을 던졌습니다. 다음은 그들의 제안입니다.

이네스: 제가 대통령이라면 노숙자들을 위한 집을 지을 거예요. 매일 밤 수천 명의 사람들이 밖에서 잠을 잡니다. 그리고 매년 겨울 거리에서 사람들이 죽습니다.

가브리엘: 제가 대통령이라면, 저는 반려동물 학대에 대한 처벌을 강화할 거예요. 유기는 동물에게 잔인한 행위입니다.

(1) • je ferais construire des maisons pour les gens sans abri.
• 저는 노숙자들을 위한 집을 지을 거예요.

(2) • je renforcerais les sanctions contre la maltraitance des animaux domestiques.
• 저는 반려동물 학대에 대한 처벌을 강화할 거예요.

단어 복습

(1) (e)	(2) (d)	(3) (h)
(4) (c)	(5) (b)	(6) (f)
(7) (a)	(8) (g)	

Leçon 12

실전 연습 1

	〈nous 인칭의 현재 동사 변화〉	〈현재분사〉
(1)	nous appelons	appelant
(2)	nous mangeons	mangeant
(3)	nous annonçons	annonçant
(4)	nous disons	disant
(5)	nous faisons	faisant
(6)	nous venons	venant
(7)	nous voulons	voulant
(8)	nous voyons	voyant
(9)	nous dormons	dormant
(10)	nous ouvrons	ouvrant
(11)	nous attendons	attendant
(12)	nous nous sentons	se sentant

실전 연습 2

(1) Un homme s'est tué en tombant du 11e étage d'un immeuble.
한 남자가 건물 11층에서 떨어져 자살했습니다.

(2) Je me suis cassé le pouce en faisant du sport.
저는 운동을 하다가 엄지손가락이 부러졌습니다.

(3) Il m'a dit bonjour en souriant.
그는 미소 지으며 저에게 인사했습니다.

(4) Il ne faut pas lire ou envoyer de sms en conduisant.
운전하면서 문자를 읽거나 보내면 안 됩니다.

(5) Je me suis réveillé tout d'un coup en entendant des cris.
저는 고함을 듣고 벌떡 잠에서 깼습니다.

(6) Pourquoi as-tu été un peu déçu en voyant ce film ?
너는 왜 이 영화를 보고 조금 실망했어?

(7) Mon fils s'est mis à pleurer en rentrant à la maison. (rentrer)
저의 아들이 집으로 돌아와서 울기 시작했습니다.

(8) Il m'a rassurée en me disant que ce n'était pas grave.
그는 심각한 일이 아니라고 저에게 말하며 저를 안심시켰습니다.

(9) En attendant le résultat de son examen, elle a passé son temps libre avec moi.
그녀는 시험 결과를 기다리며 여가시간을 저와 함께 보냈습니다.

(10) Il a perdu 3 kilos sans régime seulement en buvant de l'eau.
그는 다이어트 없이 오로지 물을 마셔서 3kg를 감량했습니다.

(11) En diminuant la pollution atmosphérique, on pourrait augmenter l'espérance de vie.
대기오염을 줄여서 평균수명을 늘릴 수 있습니다.

(12) J'ai trouvé la solution en me renseignant sur Internet.
저는 인터넷에서 검색해서 해결책을 찾았습니다

읽기와 이해

해석

부메랑 세대

고등교육을 마치고, 일부 청년들은 부모님 집으로 살기 위해 다시 돌아옵니다. 이러한 청년들을 부메랑 세대라고 합니다. '캥거루', '마마호텔'이라고도 불리는 부메랑 세대는 몇 년 전부터 확산되고 있습니다. 많은 경우에 이 세대의 주된 이유는 금전적인 것입니다.

스페인에서는 2017년 25세 미만에 직장을 구하지 못한 사람들의 비율이 40%에 육박했습니다. 서른 즈음에 많은 청년들이 주당 40시간을 일하면서 한 달에 1,000유로 미만을 벌고 있습니다.

(1) • le taux de personnes ayant moins de 25 ans et n'ayant pas réussi à trouver un emploi était proche de 40 %.
• 25세 미만에 직장을 구하지 못한 사람들의 비율이 40%에 육박했습니다.

(2) • À environ trente ans, beaucoup de jeunes gagnent moins de mille euros par mois en travaillant quarante heures par semaine.
• 서른 즈음에 많은 청년들이 주당 40시간을 일하면서 한 달에 1,000유로 미만을 벌고 있습니다.

단어 복습

(1) (d) (2) (e) (3) (h)
(4) (a) (5) (j) (6) (c)
(7) (b) (8) (i) (9) (g)
(10) (f)

Leçon 13

실전 연습 1

(1) Matthieu me déclare qu'il a une nouvelle à m'annoncer.
마튜가 저에게 알려줄 소식이 있다고 말합니다.

(2) Il me demande si je peux le comprendre.
그는 자기를 이해할 수 있는지 저에게 묻습니다.

(3) Un vieux monsieur me demande ce que je fais dans la vie.
한 노신사가 저에게 어떤 일을 하는지 묻습니다.

(4) Elle me demande ce qui me plaît le plus parmi ces propositions.
그녀는 이 제안 중에서 무엇이 가장 마음에 드는지 저에게 묻습니다.

(5) Mon papa m'a dit de ne pas m'inquiéter.
아빠는 저에게 걱정하지 말라고 말씀하십니다.

(6) Ma maman a crié, qui avait l'air fâchée, d'aller me coucher.
화가 나 보이는 엄마가 저에게 자러 가라고 큰 소리로 말했습니다.

실전 연습 2

(1) Il m'a demandé si je pouvais venir.
그는 저에게 올 수 있는지 물었습니다.

(2) Elle a assuré qu'elle n'avait jamais menti.
그녀는 절대로 거짓말을 하지 않았다고 확언했습니다.

(3) Son copain lui a demandé ce qui s'était passé et elle a tout raconté.
그녀의 남자친구는 무슨 일이 일어났는지 물었고, 그녀는 모든 것을 말했습니다.

(4) J'ai demandé à mon enfant ce qu'il voulait devenir.
저는 제 아이에게 무엇이 되고 싶은지 물었습니다.

(5) Elle a annoncé que sa grand-mère était morte de maladie la veille.
그녀는 전날 할머니께서 병으로 돌아가셨다고 알렸습니다.

(6) L'agence a annoncé que BTS organiserait un concert en ligne et hors ligne avec un nombre limité de places.
소속사는 방탄소년단이 한정 좌석으로 오프라인과 온라인에서 콘서트를 열 거라고 발표했습니다.

읽기와 이해

해석

유명인사들의 인용문

존에프 케네디 인용문

국가가 당신을 위해 무엇을 할 수 있는지 묻지 말고, 당신이 국가를 위해 무엇을 할 수 있는지 물어라.

존레논 인용문

제가 다섯 살이었을 때, 어머니는 항상 행복이 삶의 열쇠라고 말씀하셨습니다. 제가 학교에 갔을 때 그들은 저에게 커서 무엇이 되고 싶은지 물었습니다. 저는 "행복한 사람"이라고 썼습니다. 그들은 제가 과제를 이해하지 못한다고 말했고 저는 그들에게 삶을 이해하지 못한다고 말했습니다.

단어 복습

(1) (g)	(2) (h)	(3) (d)
(4) (e)	(5) (c)	(6) (b)
(7) (a)	(8) (f)	(9) (j)
(10) (i)		

Leçon 14

실전 연습

(1) préfèrent (2) croient
(3) souhaitent (4) a cessé
(5) a déjà été (6) tombent
(7) sont (8) ont reçu
(9) est (10) étaient

해석

(1) 대부분의 프랑스인들은 차보다 커피를 선호합니다.
(2) 대다수는 행복이 부에 있다고 믿습니다.
(3) 대부분의 파리 사람들은 다른 곳에 살고 싶어 합니다.
(4) 청년 6명 중 1명 이상은 코비드19 팬데믹 이후로 일을 그만두었습니다.
(5) 전 세계 여성 4명 중 1명 이상이 가정 폭력을 경험했습니다.
(6) 백여 마리의 새가 한번에 하늘에서 떨어집니다.
(7) 12월 5일 이후로 릴 대학교의 백여 명의 교육자들이 파업을 하고 있습니다.
(8) 십여 명의 음악인들이 프랑스 음악 협회로부터 메달을 받았습니다.
(9) 한 조사에 따르면 프랑스에서 성인 6명 중 1명 이상은 비만입니다.
(10) 천여 명이 우크라이나 전쟁의 희생자들에게 경의를 표하기 위해 참석했습니다.

읽기와 이해

해석

프랑스의 빈곤

프랑스인의 86%는 건강한 음식을 섭취하는 데 어려움을 겪는 것이 빈곤의 신호라고 생각합니다. 그러나 프랑스인 4명 중 1명은 신선한 과일과 채소를 먹을 충분한 돈이 없습니다.

응답자의 대부분은 음식을 예산에서 문제가 되는 비용 항목으로 생각합니다. 구체적으로, 그들 중 27%는 매일 신선한 과일과 채소를 먹는 것에 '조금' 또는 '많이' 어려움을 겪는다고 말합니다.

(1) • Plus d'un Français sur quatre n'a pas assez d'argent pour manger des fruits et légumes frais.
• 프랑스인 4명 중 1명은 신선한 과일과 채소를 먹을 충분한 돈이 없습니다.

(2) • La plupart des sondés estiment que l'alimentation est une poste de dépense problématique dans leur budget.
• 응답자의 대부분은 음식을 예산에서 문제가 되는 비용 항목으로 생각합니다.

단어 복습

(1) (d) (2) (c) (3) (e)
(4) (b) (5) (a) (6) (j)
(7) (l) (8) (i) (9) (f)
(10) (m) (11) (k) (12) (g)
(13) (h)

Leçon 15

실전 연습

* (2), (8)의 복합 관계사는 auxquels, auxquelles로 붙여쓰기 한다.

(1) sur lequel (2) auxquels
(3) pour laquelle (4) sur lequel
(5) pour lesquelles (6) avec lesquelles
(7) sur lequel (8) auxquelles
(9) dans laquelle (10) dans lequel

해석

(1) 네가 앉아 있는 의자는 재활용 가죽으로 만든 거야.
(2) 제가 참여했던 수업은 저에게 매우 동기부여가 되었습니다.
(3) 이것이 제가 이 직업을 선택한 이유입니다.
(4) 그녀는 고양이가 눕기 좋아했던 카펫을 보고 있습니다.
(5) 여러분이 프랑스어를 배워야 하는 10가지 이유.
(6) 우리와 같이 일하고 있는 회사들은 변화하고 있습니다.

(7) 저는 그(그녀)의 이메일 주소를 적어 두었던 종이쪽지를 찾을 수가 없습니다.
(8) 임신을 했을 때 조심해야 하는 것들이 많습니다.
(9) 우리가 수영하고 있는 수영장은 훨씬 더 깊습니다.
(10) 우리가 살고 있는 세상을 이해하기 위해서는 우리의 역사를 알 필요가 있습니다.

읽기와 이해

해석

오징어 게임
2021년 9월 17일부터 넷플릭스에서 출시된 한국 드라마 오징어 게임은 전 세계적으로 성공을 거두었습니다.
이 드라마는 어린 아이들이 오징어 게임이라 제목 붙여진 놀이를 하는 장면으로 시작합니다. 경제적 어려움이 있는 456명 모두가 456억 원의 상금을 벌기 위해 목숨을 겁니다.
이 드라마의 창작자이자 감독인 황동혁은 다음과 같이 말했습니다. "이 게임이 오늘날 우리가 살고 있는 사회의 모습을 가장 상징적으로 표현하는 아이들의 놀이가 아닐까 하는 느낌이 들었습니다."

(1) • Cette serie débute avec une séquence **dans laquelle** de jeunes enfants jouent à une activité intitulée le Jeu du calamar.
• 이 드라마는 어린 아이들이 오징어 게임이라 제목 붙여진 놀이를 하는 장면으로 시작합니다.
(2) • J'ai eu le sentiment que ce jeu pouvait être le jeu d'enfant le plus symbolique qui représente le type de société **dans laquelle** nous vivons aujourd'hui.
• 이 게임이 오늘날 우리가 살고 있는 사회의 모습을 가장 상징적으로 표현하는 아이들의 놀이가 아닐까 하는 느낌이 들었습니다.

단어 복습

(1) (c)	(2) (f)	(3) (a)
(4) (g)	(5) (i)	(6) (d)
(7) (b)	(8) (e)	(9) (h)
(10) (j)	(11) (l)	(12) (k)

Leçon 16

실전 연습 1

(1) ils **restent**
reste, restes, reste, restions, restiez, restent
(2) ils **attendent**
attende, attendes, attende, attendions, attendiez, attendent
(3) ils **disent**
dise, dises, dise, disions, disiez, disent

실전 연습 2

(1) (b)	(2) (b)	(3) (a)
(4) (b)	(5) (a)	(6) (b)
(7) (b)	(8) (b)	(9) (a)
(10) (b)	(11) (a)	(12) (a)
(13) (a)	(14) (a)	

해석

(1) 너는 우리가 더 자주 만나기를 바라니?
(2) 저는 모든 사람이 행복하기를 바랍니다.
(3) 그들은 사회적 거리를 유지해야 한다고 말합니다.
(4) 우리는 쉬지 않고 일하지만, 저는 그것이 항상 효율적인 방법이라고 확신하지는 않습니다.
(5) 사람들은 낮잠이 매우 휴식을 준다고 말합니다.
(6) 네가 나를 보러 올 수 없어서 유감이야.
(7) 그녀는 아무도 자신을 알아보지 못하게 하려고 선글라스를 착용합니다.
(8) 저는 돈을 인출하러 은행에 가야 합니다.
(9) PDF 형식의 가격표가 온라인에 있음을 알려드립니다. 저희 인터넷 사이트에서 가격표를 다운로드할 수 있습니다.
(10) 최악의 전쟁이 우리 앞에 있을 수 있습니다.
(11) 우리 모두가 그에게 인사한 후에 그는 떠났습니다.
(12) 네가 나에 대해서 뭐라고 말했는지 내가 모른다고 생각해?
(13) 전문가들은 동물이 우리와는 다르게 시간을 경험할 수 있다고 말합니다.
(14) 사람들의 90%는 누군가 하는 말을 이해하지 못할 때 웃는 척 한다는 것을 알고 있으세요?

읽기와 이해

해석

노와 나

노를 우리 집에 머무르게 하기 위해 나는 뭐든 했어야 했다. 나는 그녀가 우리 가족이 되기를, 자기에게 잘 맞는 그릇, 의자, 침대를 갖기를 원했다. 나는 겨울 빛깔의 일요일, 주방에서 풍기는 수프 냄새를 원했다. 나는 우리의 삶이 다른 사람들과 비슷하기를 원했다. 나는 저마다 식탁에 자신의 자리가, 욕실을 쓸 자신의 시간이, 집에서 자신의 역할이 있기를, 시간을 흘러 보낼 수 있기만을 원했다.

(1) • No reste
• rester

(2) • elle fasse
• faire

(3) • elle ait
• avoir

(4) • notre vie ressemble
• ressembler

(5) • chacun ait
• avoir

(6) • il y ait
• avoir

단어 복습

(1) (f) (2) (b) (3) (c)
(4) (d) (5) (g) (6) (h)
(7) (a) (8) (e) (9) (i)
(10) (j)

출판사, 저자, 강사, 독자가 공존하기 위한 문예림 정책

평등한 기회와 공정한 정책으로

올바른 출판문화를 이끌도록 하겠습니다.

저 자

1 도서의 판매부수에 따라 인세를 정산하지 않습니다.

우리는 도서 판매여부와 관계없이 초판, 증쇄 발행 후 30일 이내 일괄 지급합니다. 보다 좋은 콘텐츠 연구에 집중해주십시오. 판매보고는 반기별로, 중쇄 계획은 인쇄 60일 전 안내합니다.

2 도서 계약은 매절로 진행하지 않습니다.

매절계약은 불합리한 계약방식입니다. 이러한 방식은 저자들의 집필 의욕을 저해시키며, 결국에는 생존력 짧은 도서로 전락하고 맙니다.

3 판매량을 기준으로 절판하지 않습니다.

판매량에 따라 지속 판매 여부를 결정하지 않으며 전문성, 영속성, 희소성을 기준으로 합니다.

강 사

1 동영상강의 콘텐츠 계약은 매절로 진행하지 않습니다.

우리는 강사님의 소중한 강의를 일괄 취득하는 행위는 하지 않으며, 반기별 판매보고 후 정산합니다.

2 유료 동영상강의 인세는 콘텐츠 순 매출액의 20%를 지급합니다.(자사 사이트 기준)

우리는 가르침의 의미를 소중히 알며, 강사와 공존을 위하여 업계 최고 조건으로 진행합니다.

3 판매량에 따라 동영상강의 서비스를 중단하지 않습니다.

판매량에 따라 서비스 제공 여부를 결정하지 않으며 지속가능한 의미가 있다면 유지합니다. 전문성, 영속성, 희소성을 기준으로 합니다.

독자 및 학습자

1 도서는 제작부수에 따라 정가를 정합니다.

적절한 정가는 저자가 지속적인 연구할 수 있는 기반이 되며, 이를 통해 독자와 학습자에게 전문성 있는 다양한 콘텐츠로 보답할 것입니다.

2 도서 관련 음원(MP3)은 회원가입 없이 무료제공됩니다.

원어민 음원은 어학학습에 반드시 필요한 부분으로 아무런 제약 없이 자유롭게 제공합니다. 회원가입을 하시면 보다 많은 서비스와 정보를 얻으실 수 있습니다.

3 모든 콘텐츠는 책을 기반으로 합니다.

우리의 모든 콘텐츠는 책에서부터 시작합니다. 필요한 언어를 보다 다양한 콘텐츠로 제공하도록 하겠습니다.

C'est dans et par le langage que l'homme se constitue comme sujet.

Emile Benveniste

언어평등은 누구나 평등하고 자유롭게 전 세계 모든 언어를 학습할 수 있도록 여러분과 함께 할 것입니다.

프랑스어는 로망스어군에 속하는 언어이다. 프랑스어는 프랑스와 벨기에, 스위스, 캐나다, 그 외에도 아프리카 등지의 공용어이며, 유엔에서는 영어와 함께 가장 많이 쓰이는 언어이기도 하다. 전 세계 약 2억 6,300만 명이 프랑스어를 쓰고 약 7,500만 명이 모국어로 사용하고 있다.

ARCTIC OCEAN
Belgium
France
erland
NORTH PACIFIC
OCEAN
Cameroon
Congo
INDIAN OCEAN